公交专用道车辆运行与乘客感知服务水平评估方法

霍月英　李文权　张　曼　李爱增　著

东南大学出版社
·南京·

内 容 提 要

公交专用道是优先发展公共交通的重要举措,是提高公交吸引力、缓解城市交通拥堵的有效途径,近年来在我国迅猛发展。公交专用道服务水平评估方法是评价公交专用道运营状况,指导公交专用道规划、设计的重要工具。本书从车辆运行和乘客感知两方面研究了公交专用道的服务水平评估方法。全书共包含9章。第1~2章介绍了研究背景及意义、国内外研究概况、公交专用道的组成及分类、服务水平评价指标及其影响因素。第3~4章阐述了车辆运行服务水平。第5~6章阐述了乘客感知服务水平。第7章分析了车辆运行服务水平与乘客感知服务水平的关系。第8章以前面章节的研究成果为基础,提出了公交专用道服务水平评估方法。第9章总结了研究成果并指出需要进一步深入探索的问题。

本书可用作交通运输规划与管理专业本科生、研究生教学科研用书,也可供从事交通规划研究的科研人员阅读参考,还可供从事公交规划与管理工作的技术和管理人员阅读参考。

图书在版编目(CIP)数据

公交专用道车辆运行与乘客感知服务水平评估方法/霍月英等著.—南京:东南大学出版社,2016.7
 ISBN 978-7-5641-6486-7

Ⅰ.①公… Ⅱ.①霍… Ⅲ.①城市运输—公路运输—旅客运输—服务水平—评估方法—研究 Ⅳ.①U492.4

中国版本图书馆 CIP 数据核字(2016)第 098803 号

公交专用道车辆运行与乘客感知服务水平评估方法

著　　者	霍月英　李文权　张曼　李爱增
责任编辑	丁　丁
编辑邮箱	d.d.00@163.com
出版发行	东南大学出版社
社　　址	南京市四牌楼2号　邮编:210096
出 版 人	江建中
网　　址	http://www.seupress.com
电子邮箱	press@seupress.com
经　　销	全国各地新华书店
印　　刷	江苏凤凰数码印务有限公司
版　　次	2016年7月第1版
印　　次	2016年7月第1次印刷
开　　本	787 mm×1 092 mm　1/16
印　　张	10.5
字　　数	230千
书　　号	ISBN 978-7-5641-6486-7
定　　价	45.00元

本社图书若有印装质量问题,请直接与营销部联系。电话(传真):025-83791830

前　言

近年来,随着我国经济的高速发展,机动车保有量迅猛增长,交通拥堵、交通事故、交通污染和能源消耗等交通问题日益严峻。提高现有资源利用率、大力发展资源利用率高的交通方式是解决交通问题的根本途径。公共交通作为一种承载能力大、运送效率高、环境污染小、运输成本低的交通方式,各国政府都把优先发展公共交通作为缓解交通问题,实施国家节能减排战略,建设资源节约型、环境友好型社会的重要举措。

优先发展公共交通归根结底要落实到提高公交的服务水平上。公交服务水平不仅反映了城市的出行条件,而且反映了城市的社会风气和精神文明建设水平。公交服务水平是影响居民出行方式和公交分担率的重要方面。

优先发展公共交通,需要政策扶持、财政支持和道路通行权保障。在众多优先发展公共交通的举措中,公交专用道因其具有与轨道交通类似的专有路权又不失地面公交的投资省、见效快、简单灵活等优点而被国内外城市广泛采用。

近年来,公交专用道在我国迅速发展。提高公交专用道服务水平,充分发挥其快捷、舒适的优势,是目前我国公交专用道发展的当务之急。科学合理地评估公交专用道服务水平是提高其服务水平的前提和基础,不仅可以及时准确地认识公交专用道的服务状况,还可以进一步发现问题。然而,公交专用道的服务水平如何评估尚无方法可循,如采用何种指标评价它的服务水平、如何划分服务水平等级、不同服务水平等级的运输能力等均没有系统科学的研究。为此,霍月英、李文权、张曼、李爱增著的《公交专用道车辆运行与乘客感知服务水平评估方法》依托973计划课题(2012CB725402)、国家自然科学基金课题(50978057)、内蒙古自治区高等学校科学研究项目(NJZY16022)研究了公交专用道的服务水平评估方法。

本书按照评价指标选取、指标影响因素分析、指标估算模型构建、服务水平分级及服务交通量界定的思路分别研究了车辆运行服务水平和乘客感知服务水平;分析了车辆运行服务水平与乘客感知服务水平的关系;建立了公交专用道服务水平评估方法,以方便研究成果的应用。

第一章介绍了研究背景及意义、国内外研究概况、研究目标和研究内容,提出了研究方法及技术路线,并梳理了本书的组织结构。第二章主要分析了服务水平的评价指标,即分别以延误、乘客满意度作为车辆运行和乘客感知服务水平的评价指标。第三章运用排队论和高等数学相关知识,考虑公交车到达率、停靠站通行能力、泊位数及信号参数等因素,结合公交车在路段和交叉口延误的计算方法,构建了公交专用道延误估算模型,是本书的重点之一。第四章采用因子评点法、K 均值聚类和模糊 C 均值聚类建立了公交专用道车辆运行服务水平分级,并基于公交专用道的 VISSIM 仿真模型确定了各级服务水平的服务交通量,是本书的重点之一。第五章基于乘客满意度问卷调查获取的数据,采用 T 检验和单因素方差分析对乘客满意度进行了分析。第六章运用有序 Logistic 回归模型,建立了以到站时间、潜在等车时间、停靠站设施水平、车内时间、车内拥挤度、年龄、受教育程度、有无私家车为解释变量的乘客满意度估计模型,是本书的重点之一。第七章研究了乘客感知服务水平对车辆运行服务水平的影响,并建立了二者之间的关系。第八章以前面章节内容为基础梳理了公交专用道服务水平评估方法,包括车辆运行服务水平的评估方法、乘客感知服务水平的评估方法。第九章是结论与展望,对全书的主要研究成果与结论进行总结,概括主要创新点,分析研究的不足,并对今后研究的方向提出展望。

本书编写分工如下:

第一章:霍月英(内蒙古大学)

第二章:霍月英(内蒙古大学),张曼(苏州科技大学)

第三章:霍月英(内蒙古大学)

第四章:霍月英(内蒙古大学)

第五章:李爱增(河南城建学院)

第六章:霍月英(内蒙古大学)

第七章:霍月英(内蒙古大学)

第八章:李爱增(河南城建学院)

第九章:霍月英(内蒙古大学),张曼(苏州科技大学)

本书在写作过程中得到了很多同行学者、朋友的帮助,在此特别感谢授业导师李文权教授、麻省理工学院 Jinhua Zhao 教授,感谢东南大学陈茜副教授、陈学武教授、邓卫教授、项乔君教授、刘攀教授、季彦婕教授、杨敏教授、张健博士等,感谢河海大学李锐博士、沈金星博士,感谢东南大学邱丰博士、肖恢翚博士、文采博士、魏明俐博士、毕云蕊博士等,有了他们的支持本书才得以完成。本书在写作过程中参考了国内外大量书籍、文献,在此谨向文献作者表示感谢。最后本书有幸出版,还要感谢内蒙古大学的支持与帮助。

由于笔者专业视野和学术水平有限,书中难免有错漏和不足之处,敬请读者批评指正,特此致谢。

霍月英

2015 年 12 月

于内蒙古大学

主要变量及符号注释表

符号	含义	备注
D	公交车在公交专用道的延误（简称公交专用道延误）	
D_n	公交车在上游停靠站的延误	
D_m	公交车在路中停靠站的延误	
D_f	公交车在下游停靠站的延误	
D_l	公交车在路段的延误	
D_j	公交车在交叉口的延误	
D_{jz}	进站阻挡延误	
D_{zy}	转移进站阻挡延误	
D_{cz}	出站阻挡延误	
λ	单位时间内平均到达停靠站的公交车数量	
μ	单泊位通行能力	
s	停靠站泊位数	
t_r	停靠站所在进口道的红灯时间	
C	交叉口的周期长度	
θ	由于公交车完成服务而被前车或红灯阻挡导致站外排队公交车排队时间波动的比率	
ρ	服务强度	$\rho = \lambda/\mu$
ρ_s	服务强度	$\rho_s = \lambda/(s\mu)$
P_n	停靠站有 n 辆公交车的概率	
L_q	站外排队公交车的数量（排队长度）	
$E(L_q)$	平均排队长度	
W_q	站外排队公交车的排队时间	
$E(W_q)$	平均排队时间	
$\sigma(L_q)$	排队长度的标准差	
$\sigma(W_q)$	排队时间的标准差	
t_a	公交车减速进站时间	

续表

符号	含义	备注
t_c	公交车加速出站时间	
t_b	公交车完成上下客时间	
D_0	单位公交专用道延误	公交车在单位长度(100 m)路段、单个停靠站和单个交叉口的延误之和
P_1	乘客满意度为非常满意的概率	
P_2	乘客满意度为满意的概率	
P_3	乘客满意度为不满意的概率	
P_4	乘客满意度为非常不满意的概率	
arr	到站时间	
pwt	潜在等车时间	
ivt	车内时间	
con	车内拥挤度	
$stop$	停靠站设施水平	如果候车停靠站有座椅、遮挡物、实时到站信息,则 $stop=1$;否则,$stop=0$
car	有无私家车	如果乘客有私家车,则 $car=1$;否则,$car=0$
$age2$	乘客年龄处于 40~59 岁	如果乘客年龄处于 40~59 岁,则 $age2=1$;否则,$age2=0$
$edu2$	乘客受教育程度为大专	如果乘客受教育程度为大专,则 $edu2=1$;否则,$edu2=0$
$E(W)$	平均等车时间	
CV_H	车头时距变异系数	等于车头时距的标准差除以均值
W	乘客等车时间	
w	任意给定时间	
H	车头时距	
$F_W(w)$	等车时间分布	W 小于等于 w 的概率
$f_W(w)$	等车时间的概率密度函数	
W_i	车头时距 H_i 内的等车时间	
$F_{W_i}(w)$	车头时距 H_i 内的等车时间分布	W_i 小于等于 w 的概率
$p(H_i)$	车头时距 H_i 的载客量比例	
w_i	对应于 w 和车头时距 H_i 的等车时间	
$fivt$	公交专用道上乘客上下车站点间的理想车内时间	

目 录

前言 ·· 1

主要变量及符号注释表 ·· 3

第一章　绪论 ·· 1
1.1　研究背景及意义 ·· 1
1.1.1　研究背景 ·· 1
1.1.2　研究意义 ·· 3
1.2　国内外研究概况 ·· 4
1.2.1　公交服务水平国内外研究概况 ·· 4
1.2.2　公交专用道国内外建设及研究概况 ·· 7
1.2.3　公交专用道服务水平研究概况 ·· 13
1.2.4　公交服务水平国内外研究不足 ·· 13
1.3　研究目标及主要内容 ·· 14
1.3.1　研究目标 ·· 14
1.3.2　主要研究内容 ·· 14
1.4　研究方法及技术路线 ·· 16
1.4.1　研究方法 ·· 16
1.4.2　技术路线 ·· 16
1.5　本书组织结构 ·· 18
1.6　本章小结 ·· 19

第二章　公交专用道及其服务水平 ·· 20
2.1　公交专用道 ··· 20
2.1.1　停靠站 ·· 20
2.1.2　普通公交专用道 ··· 21
2.1.3　快速公交专用道 ··· 21
2.2　公交专用道服务水平 ·· 23
2.3　服务水平的评价指标 ·· 24
2.3.1　车辆运行服务水平的评价指标 ·· 25
2.3.2　乘客感知服务水平的评价指标 ·· 25
2.4　评价指标影响因素分析 ··· 26
2.4.1　公交专用道延误影响因素分析 ·· 26

  2.4.2 乘客满意度影响因素分析 ·· 26
 2.5 本章小结 ··· 27

第三章 公交专用道延误估算模型研究 ·· 28
 3.1 研究延误针对的专用道类型 ··· 28
 3.2 公交车在停靠站的延误 ··· 29
  3.2.1 停靠站延误的分类及定义 ·· 29
  3.2.2 排队论中的 $M/M/s$ 模型 ·· 29
  3.2.3 进站阻挡延误 ··· 30
  3.2.4 转移进站阻挡延误 ··· 32
  3.2.5 出站阻挡延误 ··· 35
  3.2.6 停靠站延误的估算模型 ··· 37
  3.2.7 单泊位通行能力 ·· 38
  3.2.8 参数估计及模型验证 ·· 40
 3.3 公交车在路段的延误 ·· 44
 3.4 公交车在交叉口的延误 ··· 45
 3.5 公交专用道延误的估算模型 ··· 46
 3.6 本章小结 ··· 47

第四章 车辆运行服务水平分级与服务交通量研究 ······························ 48
 4.1 车辆运行服务水平分级研究 ··· 48
  4.1.1 问题界定 ··· 48
  4.1.2 服务水平分级的理论方法 ·· 48
  4.1.3 车辆运行服务水平分级的延误样本 ··························· 52
  4.1.4 延误的分布检验 ·· 53
  4.1.5 车辆运行服务水平分级 ··· 54
 4.2 公交专用道服务交通量研究 ··· 58
  4.2.1 问题界定与研究思路 ·· 58
  4.2.2 公交专用道仿真 ·· 59
  4.2.3 延误与服务交通量的关系 ·· 62
  4.2.4 公交专用道的服务交通量 ·· 64
 4.3 本章小结 ··· 64

第五章 乘客满意度问卷调查及其分析 ·· 66
 5.1 问卷设计 ··· 66
 5.2 问卷调查概况 ··· 67
 5.3 数据分析方法 ··· 67
 5.4 样本特性分析 ··· 68
 5.5 乘客满意度特性分析 ·· 70

5.6 乘客满意度差异性检验 ······ 74
5.6.1 差异性检验方法 ······ 75
5.6.2 差异性检验结果 ······ 76
5.7 本章小结 ······ 79

第六章 乘客满意度估计模型研究 ······ 80
6.1 有序Logistic回归模型 ······ 80
6.1.1 有序Logistic回归模型的定义 ······ 80
6.1.2 有序Logistic回归模型的参数估计 ······ 81
6.1.3 有序Logistic回归模型的评价 ······ 82
6.2 乘客满意度估计模型的构建方法 ······ 82
6.3 乘客满意度的有序Logistic回归模型 ······ 84
6.3.1 建模准备 ······ 84
6.3.2 模型构建过程 ······ 86
6.3.3 乘客满意度估计模型 ······ 92
6.3.4 乘客满意度估计模型分析 ······ 93
6.4 乘客感知服务水平分级 ······ 95
6.5 潜在等车时间估算方法 ······ 95
6.5.1 等车时间分布的估算方法一 ······ 96
6.5.2 等车时间分布的估算方法二 ······ 98
6.5.3 估算方法评价及应用实例 ······ 99
6.6 本章小结 ······ 101

第七章 车辆运行服务水平与乘客感知服务水平的关系研究 ······ 102
7.1 乘客感知服务水平对车辆运行服务水平的影响 ······ 102
7.1.1 车内拥挤度对公交车完成上下客时间的影响 ······ 102
7.1.2 不同车辆运行服务水平下乘客满意度对服务乘客量的影响 ······ 103
7.2 车辆运行服务水平与乘客感知服务水平的关系 ······ 106
7.2.1 乘客满意度与公交专用道延误的关系 ······ 106
7.2.2 车辆运行服务水平分级与乘客感知服务水平分级的关系 ······ 107
7.3 本章小结 ······ 112

第八章 公交专用道服务水平评估方法及实例分析 ······ 113
8.1 公交专用道服务水平评估方法 ······ 113
8.1.1 车辆运行服务水平评估方法 ······ 113
8.1.2 乘客感知服务水平评估方法 ······ 117
8.2 公交专用道服务水平评估方法的应用及评价 ······ 120
8.3 实例分析 ······ 121
8.4 本章小结 ······ 126

第九章　结论与展望 ·· 127
  9.1　主要研究成果 ··· 127
  9.2　主要创新点 ·· 128
  9.3　研究的不足与展望 ··· 129

参考文献 ·· 131
附录 A　上游停靠站延误估算模型参数估计代码 ································· 139
附录 B　路中停靠站延误估算模型的模型验证代码 ····························· 141
附录 C　上游停靠站延误估算模型的模型验证代码 ····························· 142
附录 D　普通公交专用道计算一组给定解释变量延误代码 ····················· 144
附录 E　普通公交专用道解释变量组合代码 ······································ 146
附录 F　快速公交专用道计算一组给定解释变量延误代码 ····················· 147
附录 G　快速公交专用道解释变量组合代码 ······································ 149
附录 H　模糊 C 均值聚类代码 ··· 150
附录 I　公交专用道乘客满意度问卷调查的调查问卷 ··························· 152
附录 J　模型 4 预测的乘客满意度与调查的乘客满意度对比 ··················· 154

第一章 绪 论

1.1 研究背景及意义

1.1.1 研究背景

近年来,随着我国经济的高速发展,机动化进程日渐加快。"十一五"期间,我国机动车保有量增加了60.9%[1]。据公安部交管局统计,截至2012年年底,我国机动车保有量达2.4亿辆。机动车保有量的高速增长,使得城市交通拥堵日益加剧,交通事故频繁发生,交通污染和能源消耗日益严重[2-6]。供需失衡是引发拥堵、事故、污染等交通问题的主要原因。为了缓解交通问题,各城市纷纷加强道路基础设施的建设,完善道路网络。目前我国城市间和城市内部的路网已经初具规模,但是交通供给仍然无法满足快速增长的交通需求,供需矛盾依然十分突出。当基础设施达到一定规模时,单纯依靠扩大路网解决交通问题效果并不明显,同时路网受土地资源的限制,不可能无限扩大。提高现有资源利用率、大力发展资源利用率高的交通方式才是解决交通问题的根本途径。公共交通作为社会群体型交通,具有人均占用道路资源少、事故率低、污染物排放少、能源消耗低的优势。以小汽车和公共汽车(简称公交车)为例,小汽车运送单位乘客的占地面积约为公交车的22~39倍,小汽车单位乘客占用停车场用地为公交车的13~20倍[7]。运送同样数量的乘客,小汽车的事故数比公交车高出100倍,产生的废气是公交车的10倍,耗油量是公交车的2~3倍[8]。因此,优先发展公共交通是缓解交通问题的根本出路,符合当今社会可持续发展的需要,已经引起我国政府的高度重视。2009年10月,胡锦涛总书记在考察北京交通工作时指出:"要解决城市交通问题,必须充分发挥公共交通的重要作用,为广大群众提供快捷、安全、方便、舒适的公共交通服务,使广大群众愿意乘公交、更多乘公交"[9]。

优先发展公共交通归根结底要落实到提高公共交通的服务水平(简称公交服务水平)。公交服务水平不仅反映了城市的出行条件,而且反映了城市的社会风气和精神文明建设水平。公交服务水平是影响居民出行方式和公交分担率的重要方面。2005年国务院办公厅下发了《国务院办公厅转发建设部等部门关于优先发展城市公共交通意见的通知》,《通知》明确了公共电汽车交通仍是我国现阶段城市公共交通的主要形式,并提出要从改革投融资体制、推行特许经营制度、加强市场监管和提高服务水平4个方面积极稳妥地推进行业改革。

优先发展公共交通,需要政策方面的扶持、财政方面的支持和道路通行权的保障。在众多优先发展公共交通的举措中,城市公共汽车专用道(简称公交专用道)因其具有与轨道交通类似的专有路权又不失地面公交的投资省、见效快、简单灵活等优点而被国内外城市广泛采用。公交专用道分为普通公交专用道和快速公交专用道。普通公交专用道是指在城市道路特定路段上设置隔离设施或者标志、标线将一条或多条车道与其他车道分隔开,仅供公交车在全天或某时段行驶[10]。快速公交专用道是指快速公交(Bus Rapid Transit,简称 BRT)的道路基础设施,即快速公交的专用车道。公交专用道实际上是对道路资源的重新分配,以在空间上为公交车提供道路使用权和优先通行权。开辟公交专用道有利于实现公交车与社会车辆的分离,减少社会车辆对公交车的影响,使得大容量的公交车能够快速地行驶。同时开辟公交专用道减少了社会车辆可使用的车道数,有利于诱导私人交通方式向公共交通方式转移,可在一定程度抑制私人交通方式的发展。法国巴黎设置 480 多条全天或部分时段禁止其他车辆使用的普通公交专用道后,公交车速度提高了 20%~30%[11]。1997 年 6 月,北京在长安街复兴门到建国门段开通了我国首条普通公交专用道。实施 1 个月后长安街的公交车平均速度由开通前的 16 km/h 提高到 20~23.5 km/h,正点率提高了 43.6%,平均每辆公交车单程运营时间减少了 8 min[12]。随后,深圳、昆明、沈阳、上海、南京、广州、成都、重庆、青岛、合肥、武汉、呼和浩特等城市相继在有条件的道路上开辟了普通公交专用道。我国公交专用道的建设里程逐年增加,截止到 2009 年,建设里程已达 7 452 km。根据《城市公共交通"十二五"发展规划》,到"十二五"末,公交专用道总里程将达到 10 000 km[9]。

普通公交专用道仅在城市道路上进行适当的车道分隔,停靠站、车辆等相关配套设施未达到公交优先的标准,并逐步向快速公交专用道发展。快速公交专用道是快速公交的专用车道。快速公交是一种灵活的、胶轮式快速公共交通方式,它把专用道、停靠站、车辆、服务和智能交通等要素整合为具有显著识别性的系统。快速公交是一种介于轨道交通与常规公交之间的新型的大运量公共客运交通,将轨道交通的高效性、可靠性与常规公交的灵活性、低成本结合起来,它的投资运营成本比轨道交通低,运营效果比常规公交优良。快速公交可有效提升公交运营速度,提供快捷、舒适、经济的城市交通服务,在许多国家和地区得到了长足的发展。目前拉丁美洲、北美地区、欧洲、非洲、东南亚、澳洲的许多城市都已经建设了快速公交[13]。我国政府也相继出台了一系列政策支持快速公交的发展。2007 年 6 月,国务院印发《节能减排综合性工作方案》,要求"强化交通运输节能减排管理,优先发展城市公共交通,加快城市快速公交和轨道交通建设"。2010 年 12 月,交通运输部"2011 年全国交通运输工作"会议提出"落实公交优先战略,发挥轨道交通、快速公交在城市交通运输系统中的骨干作用"[14]。北京于 2005 年 12 月开通了我国第一个快速公交系统——北京快速公交南中轴 1 号线。开通后,高峰时段平均速度达 22 km/h,其他时段达 26 km/h,准点率达 90%[15]。截至 2013 年底,我国已有 18 个城市开通了快速公交系统,如常州、杭州、济南、深圳、郑州、广州等城市,还有许多城市正在规划、设计和建设快速公交系统。截至 2013 年底,我国的快速公交运营里程达到 480 km[16]。

公交专用道的服务水平通常来说较常规公交的服务水平高,但在运营过程中仍存在很多问题。2009 年常州快速公交专用道系统的运行调查显示,常州快速公交专用道存在高峰时段车内拥挤,串车现象严重;交叉口等待时间长,快速公交专用道的"快"无法体现等问题[17]。因此,提高公交专用道的服务水平,充分发挥其快捷、舒适等优势,成为目前我国公交专用道发展的当务之急。科学合理地评估公交专用道服务水平是提高其服务水平的前提和基础,不仅可以及时准确地认识公交专用道的服务状况,还可以进一步发现问题。然而,公交专用道的服务水平如何评估尚无方法可循,如采用何种指标评价它的服务水平、如何划分服务水平等级、不同服务水平等级的运输能力等均没有系统科学的研究。为此,国家科技部和自然科学基金委分别设立 973 计划课题"公交主导型多方式交通网络的协同机理与耦合理论(2012CB725402)"和自然科学基金课题"地面公共汽车专用道通行能力的形成机理与分析方法(50978057)"研究城市多模式公交协同与耦合问题以及公交专用道运输能力等问题,其中,公交专用道服务水平问题被作为研究子项包含在研究内容之中。

1.1.2 研究意义

公交专用道在我国实施已有十多年之久,目前尚缺乏一套科学的服务水平评估方法。目前我国对公交专用道的研究重在关注设计布局,对其服务水平和不同服务水平等级的运输能力缺乏科学的研究,致使公交专用道的规划、建设与管理存在一定的盲目性。公交专用道建后再拆的现象时有发生,停靠站外车辆排队、串车、大间隔等现象频繁发生。

目前国内外通常采用多指标评价公交服务水平,采用多指标可全面地评价公交服务,但当比较不同公交系统的服务时,很难提供总的服务水平评价结论。国内外现有研究采用的公交服务水平评价指标更多地反映运行状况,没有直接面向乘客感知,难以充分反映乘客的感受。国内对公交服务水平的研究偏重于指标体系和评价方法,很少研究其服务水平分级问题,无法量化公交服务水平等级。

本书分别从车辆运行和乘客感知的角度研究公交专用道服务水平评估方法,采用单一指标评价服务水平,并研究基于评价指标的服务水平分级。研究方法可为公交服务水平的研究提供理论支撑,具有重要的理论意义。研究成果可用于分析公交专用道的运营状况,也可作为规划设计公交专用道的工具,具有重要的实用价值。具体来说,研究意义在于:

(1) 公交专用道在我国呈现快速发展趋势,在这个背景下,建立一套科学、可操作的服务水平评估方法,可谓及时实用。

(2) 本书使用单一指标评价公交专用道服务水平,建立的评估方法便于比较不同公交专用道的服务水平;本书突破以往的服务水平研究思路,分别从车辆运行和乘客感知的角度研究服务水平评估方法,不仅可以反映公交专用道的车辆运行状况,还可以反映公交专用道服务是否得到乘客的满意;本书研究公交专用道服务水平分级问题,不仅弥补了我国公交服务水平研究方面的不足,而且可量化公交专用道服务水平等级。

(3) 本书研究成果可用于分析公交专用道不同时空下的运营状况,以发现运营过程中存在的问题。

(4) 本书研究成果亦可分析规划条件下的公交专用道运营状况,从而为是否新建公交专用道提供决策依据。

(5) 为了达到公交专用道规划时指定的服务水平等级,本书研究成果可用于进行该等级下的停靠站设计(如泊位数、站距、站点线路数等)、发车频率优化、公交网络优化等。

(6) 本书研究成果还有助于政府机构和交通管理人员深入了解公交专用道的优势和薄弱环节,能为交通规划人员和管理人员制定进一步的公交专用道优化方向提供科学依据,以及能为公交专用道功能的健全和发展提供有效的支持和帮助。

1.2 国内外研究概况

据可查阅文献,目前国内外对公交专用道服务水平鲜有研究,故本书主要从公交服务水平和公交专用道两方面来阐述国内外研究概况,以启发公交专用道服务水平的研究。

1.2.1 公交服务水平国内外研究概况

1.2.1.1 公交服务水平国外研究概况

服务水平的概念首次出现于1965年版的《道路通行能力手册》(Highway Capacity Manual,简称HCM)。该手册首次以目前熟悉的字母等级划分各类交通设施(包括城市道路路段、交叉口、高速公路路段、交织区等)的服务水平[18]。2010年版的HCM对服务水平的定义是"服务水平是对服务质量性能指标的一种量化分级(Level of service is a quantitative stratification of a performance measure or measures that represent quality of service)"[19]。常用的性能指标有速度、出行时间、驾驶自由度、舒适便利性等。HCM中,每类交通设施有A~F 6个服务水平等级,其中A代表最好的服务水平,F代表最差的服务水平。

《公共交通通行能力与服务质量手册》[20](Transit Capacity and Quality of Service Manual,简称TCQSM)是公交服务水平方面最为权威的手册,对公交服务水平的定义、评价指标、服务水平分级有着系统的研究。TCQSM对公交服务水平的定义是"基于乘客对公交服务特定方面的感知,指定特定评价指标的一系列阈值,以A代表最好,F代表最差(Designated ranges of values for a particular service measure, such as "A" (highest) to "F" (lowest), based on a transit passenger's perception of a particular aspect of transit service)"。TCQSM指出公交服务水平的评价指标应反映公交服务的时空可用性和舒适便利性,因此分别从停靠站、线路、系统层面提出可用性和舒适便利性的评价指标及相应的服务水平分级,如表1-1~表1-6所示。TCQSM以服务频率作为停靠站可用性的评价指标,停靠站可用性的服务水平分级如表1-1所示;以服务时间作为线路可用性的评价指标,线路可用性的服务水平分级如表1-2所示;以公交支持区覆盖率作为系统可用性的评价

表1-1 停靠站可用性服务水平分级

服务水平等级	平均车头时距(min)	服务频率(辆/h)
A	<10	>6
B	10~14	5~6
C	15~20	3~4
D	21~30	2
E	31~60	1
F	>60	<1

表1-2 线路可用性服务水平分级

服务水平等级	服务时间(h)
A	19~24
B	17~18
C	14~16
D	12~13
E	4~11
F	0~3

指标,系统可用性的服务水平分级如表1-3所示;以载客率作为停靠站舒适便利性的评价指标,停靠站舒适便利性的服务水平分级如表1-4所示;以准点率作为线路舒适便利性的评价指标,线路舒适便利性的服务水平分级如表1-5所示;以公交与小汽车出行时间差作为系统舒适便利性的评价指标,系统舒适便利性的服务水平分级如表1-6所示。公交支持区(Transit Supportive Area,简称TSA)是指研究区域中至少每总公顷7.5户家庭的密度或至少每总公顷10个就业岗位的部分。

表1-3 系统可用性服务水平分级

服务水平等级	公交支持区覆盖率(%)
A	90~100
B	80~89.9
C	70~79.9
D	60~69.9
E	50~59.9
F	<50

表1-4 停靠站舒适便利性服务水平分级

服务水平等级	载客率(人/座)
A	0~0.50
B	0.51~0.75
C	0.76~1.00
D	1.01~1.25
E	1.26~1.50
F	>1.50

表1-5 线路舒适便利性服务水平分级

服务水平等级	准点率(%)
A	95~100
B	90~94.9
C	85~89.9
D	80~84.9
E	75~79.9
F	<75

表1-6 系统舒适便利性服务水平分级

服务水平等级	公交与小汽车出行时间差(min)
A	<0
B	1~15
C	16~30
D	31~45
E	46~60
F	>60

TCQSM提出的公交服务水平评价方法受到政府和学者的广泛认可,很快被应用到实践中。佛罗里达交通运输部以TCQSM提出的评价指标为基础,提出了适合本地的公交服务水平评价指标体系,并以此来评价全州的公交运营状况[21]。Muley,Bunker和Ferreira使用可用性评价了布里斯班(Brisbane)的公交服务水平,以检查当地公交是否具有引导TOD(Transit Oriented Development)发展模式的潜力[22]。Camus,Longo和Macorini则使用准点率评价了的里雅斯特(Trieste)的公交可靠性,研究发现TCQSM提供的方法清晰、简单、易于使用,但是没有考虑延误量,仅考虑了晚点出行数量,没有考虑提前离去对乘客的影响。因此,他们提出了一个新指标即加权延误指数(weighted delay index)以克服TCQSM中准点率的不足[23]。Xin Yaping,Fu Liping和Saccomanno使用服务频率、服务时间、公交支持区覆盖率、公交车与小汽车出行时间差等评价了滑铁卢的公交服务。研究发现TCQSM提供的方法简单明了、易于使用,并且结合GIS(Geographic Information System)使用会更加简单方便。同时,他们认为使用多指标评价存在一些缺点,如难以界定不

同公交系统服务的基准水平[24]。

与 TCQSM 的多指标方法不同,一些学者试图采用单一指标评价公交服务水平。早在 1999 年,佛罗里达交通运输部就指出有必要用一个指标来衡量公交服务的时空可用性,以评价全州所有的公交系统。他们建议的单一指标是人均单位时间服务百分率(percent person-minutes served),即人们得到时间上可用、空间上可达的公交服务的平均时间百分率,该指标评价了公交可用性的运营水平[25]。Wiley 在综合频率指数、运力指数、覆盖率指数的基础上对公交可用性本地指数(Local Index of Transit Availability)进行改进,并以此来评价多伦多的公交可用性[26]。Fu Liping 和 Xin Yaping 提出采用公交服务指数(Transit Service Indicator)来评价个体的特定公交出行质量,该指标等于小汽车的加权门对门出行时间与公交的加权门对门出行时间的比率。为了评价集计层面的服务水平,他们以出行需求为权重,对公交服务指数进行加权[27]。

1.2.1.2　公交服务水平国内研究概况

国内对公交服务水平的研究模式通常是首先建立服务水平的评价指标体系,然后设计问卷调查乘客对于指标的满意度和重要度,或者调查指标取值,然后采用一定的评价方法进行综合评价。常用的评价方法有模糊综合评价、层次分析法、灰色聚类、粗糙集理论、灰色评价模型、物元分析模型等,其中模糊综合评价最为常用。因此,目前国内对公交服务水平的研究多集中在指标体系的构建、调查问卷的设计和评价方法的选择上。

张喜成和汪江洪从基础设施、服务质量及效率两方面建立了公交服务水平的评价指标体系,其中基础设施方面的指标有公交车拥有率、公交线网密度和公交线路重叠系数,服务质量及效率方面的指标有公交车行车准点率、公交出行比例、公交车满载率,并采用粗糙集综合评价法对公交服务水平进行评价[28]。徐以群和陈茜从选择公交出行的角度阐述了公交服务水平指标体系的形成原理,并通过借鉴国外类似指标体系提出了符合我国国情的公交服务水平指标体系[29]。尹峰和李枫在回顾公交服务水平的常规数值评价方法的基础上,提出了一种新的模糊评价方法,并定义了相应的评价指标及其计算方法[30]。匡星建立了乘客满意度指数的计算模型,设计了常规公交乘客满意度指数的调查方案以对乘客的满意度进行测评和分析。然后应用 TransCAD 软件,提出针对城市内部不同区域、不同线路的公交线网布局水平指标和公交线路客运水平指标的计算方法,对常规公交线网性能进行分析和综合评价[31]。曲小波建立了乘客满意度评价指标体系,采用层次分析和模糊综合判别方法对公交服务水平进行评估,并给出了满意度评价的定量求解模型。在评价指标的选择中,着重考虑了城市公交可靠性,包括公交车容量可靠性、行程时间可靠性和准点到达可靠性,对城市公交服务水平的影响[32]。

王健和滕燕指出公交优先政策应体现在法律和规章的框架上,应通过授权法建立公交管理机构和大容量快速交通项目。并借鉴国际先进经验,从居民出行方式的行为决策角度出发,确定了影响人们选择公交出行的主要因素,建立了公交载运能力与服务水平的指标体系[33]。高婷婷、尹丽丽和胡永举以公交运营为研究对象,从公交行业的服务特点入手,利用层次分析法建立乘客满意度测评模型,并将其应用到天津公交,得出了服务水平影响因素的满意度指标[34]。井国龙以多源公交运行数据为基础,开展了针对公交运营服务水平的定量评价方法研究,从公交线路站点、公交线路区段、公交线路整体三方面分层次地对公交服务水平进行评价[35]。黄莎、蒙井玉、王晓艺从公交基础设施建设水平和服务水平两方面选取适合中小城市的公交评价指标,从线网、场站建设和车辆配置方面来评价公交基础设施建设水平,从安全、方便、经济、迅速、准确、舒适方面来评价公交服务水平,并提出了适合中小城市的指标建议值[36]。

因此,国内以多指标来评价公交服务水平,并通过乘客对于指标的评分来分析公交服务水平,很少从车辆运行的角度分析公交服务水平。此外,国内也很少研究公交的服务水平分级问题。

1.2.2 公交专用道国内外建设及研究概况

1.2.2.1 普通公交专用道国内外建设及研究概况

1) 普通公交专用道国外建设及研究概况

法国于20世纪60年代建设了普通公交专用道,并于60年代末提出了公交优先的思想,目前法国已经具备较为完善的公交专用道系统。在欧洲,如果把拥有少数普通公交专用道的城市也计算在内,目前拥有普通公交专用道的城市达到89%[37]。美国在20世纪30年代提出了发展公交的建议,相继建设了普通公交专用道和公交专用路。之后受巴西库里提巴快速公交的影响及相关研究机构的推动,公共交通在90年代得到了大力发展[13]。普通公交专用道除了被欧美国家认可外,在世界其他国家的城市也得到了迅速的发展,如库里提巴、圣保罗、波哥大、基多、布里斯班、悉尼以及泰国和日本的一些城市。

美国学者对于普通公交专用道的研究主要集中在通行能力方面,包括公交停靠站位置、类型对通行能力的影响,能否利用相邻车道超车对通行能力的影响,信号交叉口配时以及公交优先信号对通行能力的影响等,研究成果主要包含在 HCM、TCQSM 以及 TCRP(Transit Cooperative Research Program)报告26中[38-39]。英国的研究主要集中在比较普通公交专用道与轨道交通的费用效益比和通行能力。英国南安普顿大学(University of Southampton)从20世纪60年代起每5年为伦敦进行一次彻底的公交优先规划,规划主要从设有普通公交专用道交叉口的信号配时方面进行[40]。日本学者 Koga 和 Noritaka 研究了如何利用普通公交专用道上的光学监控设施来保证专用道的专有路权[41]。澳大利亚学者 Jepson 和 Ferreira 研究了公交优先通行措施对道路交通产生的影响,通过对比设置普通公交专用道、专用信号前后车辆的延误,给出了不同交通量条件下,设置普通公交专用道的最佳公交车比例和最佳公交客流量[42]。

普通公交专用道的设置保证了公交车的通行权而减少了社会车辆的可用车道,当专用道上公交车流量较小时,会造成对道路资源的浪费。针对这种现象,Viegas 于1997年提出了间歇式公交专用道(Intermittent Bus Lane,简称IBL)的概念[43]。目前 IBL 是国外在专用道研究方面的热点。Viegas 对 IBL 的描述为:在公交车行驶过程中,通过信号提醒社会车辆让道,使公交车所在车道变为临时专用道,当公交车通过后则恢复为正常车道,从而使公交车获得局部优先路权。IBL 不需要设立专门的专用道,可在对社会车流不产生严重干扰的同时使公交车获得优先路权。Viegas 和 Lu 进一步研究了 IBL 上公交车辆与社会车辆的运行规则、IBL 系统与现有城市交通控制系统的结合、IBL 路面标志灯对社会车流的影响、IBL 单点信号交叉口设置及其优缺点、IBL 区域信号设置等[44-45]。随后,Eichler 和 Daganzo 提出了间歇优先公交专用道(Bus Lane with Intermittent Priority,简称BLIP),即在公交专用道上,通过可变信息板引导控制社会车辆进出专用道,从而在不影响公交车行驶的前提下,提高专用道的利用率[46]。BLIP 与 IBL 的主要区别在于 BLIP 不需要改变交叉口信号参数,不会对区域交通流造成大的扰动,因此更加便于实施。

2) 普通公交专用道国内建设及研究概况

1997 年 6 月,北京在长安街复兴门到建国门段开通了我国首条普通公交专用道,随后,深圳、昆明、沈阳、上海、南京、广州、成都、重庆、青岛、合肥、武汉、呼和浩特等城市相继在有条件的道路上开辟了普通公交专用道。我国公交专用道的建设里程逐年增加,截止到 2009 年,建设里程已达 7 452 km。根据《城市公共交通"十二五"发展规划》,到"十二五"末,公交专用道总里程将达到 10 000 km[9]。

国内对普通公交专用道的设计包括布设位置、隔离方式、交叉口的处理方式等进行了深入的研究,对普通公交专用道的交通影响进行了较为深入的研究,还对其规划、通行能力、交通组织管理等进行了研究。

普通公交专用道设计方面。杨晓光和阴炳成建立了公交车车均延误模型,并通过交通仿真分析论证了普通公交专用道的最佳布设位置和停靠站的最佳布置位置[47]。王扬、赵葱丽和王丽娟分析了不同普通公交专用道的设置形式与交通运行状况的关系,并对不同停靠站形式进行了对比分析[48]。曾奕林对普通公交专用道的布设条件、布设位置、车道宽度、隔离设计、车道视认性设计以及设置效益进行了探讨[49]。黄晓强对普通公交专用道建设过程中的一些问题进行了重点分析,特别是对专用道形式的选择(路中式和路侧式专用道的比较)、停靠站位置的选取(设置在进口道和出口道的比较),以及公交优先信号设计方面做了深入的研究[50]。王凌琳对在路外侧、路内侧、路中机动车道设置普通公交专用道的 3 种设置形式进行了对比分析和适应性分析[51]。

普通公交专用道交通影响方面。黄艳君、陈学武和张卫华研究了路段上无专用道与设置不同形式专用道条件下,公交车与社会车辆的速度模型,并对比分析了车辆的运行状态和车速变化特征[52]。胡兴华和刘咏将脆弱性概念引入交通系统,构建了普通公交专用道的交通脆弱性评价指标体系,建立了交通脆弱性评估模型[53]。雷莲桂根据已有的道路交通流模型,分析了普通公交专用道的设置对路段车辆速度的影响[11]。郭芸研究了普通公交专用道的不同设置方案对尾气排放的影响,从交通和环境两个角度全面地分析了不同专用道设置方案的实施效果[10]。

普通公交专用道规划、通行能力和组织管理方面。刘伟对普通公交专用道的规划系统框架进行了深入的研究,阐明了专用道规划的指导思想、原则、目标和规划年限,探讨了专用道规划的评价与交通调查内容,分析了专用道规划与公交规划、轨道交通规划和道路规划的关系,提出了专用道规划的交通需求预测流程、专用道布局和循环反馈的交通流量预测思路与方法[54]。周智勇、陈峻和陈学武等提出了普通公交专用道的规划、建设、运营管理"三位一体"的理念,并鼓励积极应用新型技术[55]。吴娇蓉和郑宇基于通行能力理论,按照普通公交专用道和高等级公交专用道的设置目的,以平均行程车速作为关键指标设定相应的服务水平。然后采用理论模型和仿真模型相结合的方法,研究了两类专用道的通行能力[56]。莫一魁、柳伍生和晏克非对普通公交专用道系统化、网络化、规模化的整体优化方法进行了研究,建立了专用道的网络优化模型,提出了专用道优化方案的客流预测及评价方法[57]。钱人杰、邓卫和王炜提出了收费公交专用道的概念,即可以让非公交车辆使用专用道,但需要征收一定的费用,从而实现道路资源的优化配置[58]。

1.2.2.2 快速公交专用道国内外建设及研究概况

快速公交专用道是指快速公交的道路基础设施，它的建设及研究概况与快速公交的建设及研究概况不可分割，因此，本节从快速公交的角度阐述国内外建设及研究概况。

1) 快速公交国外建设及研究概况

快速公交的理念可以追溯到1937年，当时芝加哥建设了世界上第一条公交专用道(exclusive bus lane)。自此，公交专用路(bus way)的概念在美国盛行开来。为了缓解交通拥堵和提供可靠的服务，许多城市相继建设了公交专用路。但现代意义的快速公交是由拉丁美洲的规划师们于19世纪70年代提出的。当时为了改善日益恶化的交通状况，规划师们试图寻找一种可快速廉价提高公交运行速度的方法，由此他们设想了快速公交。目前，快速公交已在北美地区、拉丁美洲、东南亚、澳大利亚广泛盛行，在非洲和印度处于蓬勃发展之中。在欧洲，快速公交的数量稳中上升，尤其是在法国和英国[13]。快速公交在全球的发展状况如图1-1所示。世界上较为成功的快速公交系统有巴西库里提巴的快速公交系统、波哥大的TransMilenio、渥太华的Transitway。库里提巴基于"土地利用和交通规划相结合以实现环境友好型的城市发展"理念，建设了快速公交系统[13,59]。目前库里提巴的公交出

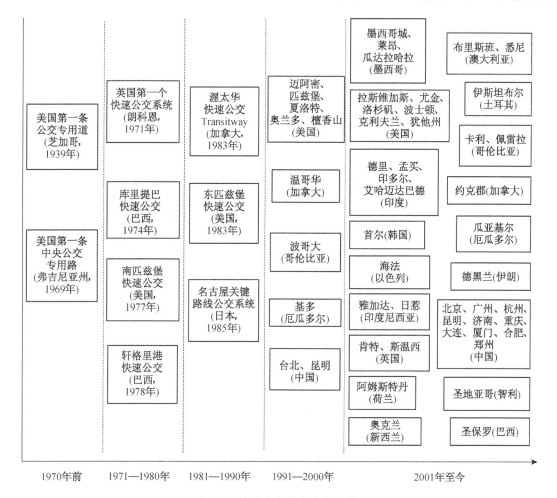

图1-1　快速公交的全球发展状况

来源：摘自文献[13]

行比例高达75%,日客运量高达190万人[60]。波哥大把发展快速公交作为鼓励公共交通、自行车、步行等绿色交通方式的长期可持续发展的交通策略,于2000年开始运营TransMilenio[13,61]。运营后,主干线的平均速度由原来的12~18 km/h提高到26.7 km/h,出行时间平均缩短32%[62]。Transitway于1983年开始运营,它为往返于郊区与市中心的居民提供了便利的交通,平均每天运送20万乘客。渥太华的公交分担率达25%,高峰时段到达市中心方向的公交分担率达70%[60,63]。

快速公交建成后,必然会对沿线的土地利用和土地价格、居民出行行为、污染物排放、能源消耗等产生一定影响。目前国外非常关注快速公交对于这些方面的影响。此外,国外还对快速公交的建设运营成本进行了大量研究。

Cervero和Kang研究了首尔将常规公交转变为快速公交这一举措,对沿线土地市场产生的影响。研究表明,快速公交的建设促使房产拥有者将别墅转变为高密度的公寓,快速公交停靠站300 m范围内的居住用地价格升高了10%,150 m范围内的零售和其他非居住用地价格升高了25%[64]。Perk,Mugharbel和Catalá以匹兹堡的快速公交系统为例,定量地研究了快速公交停靠站对周围别墅价值的影响。研究发现,距停靠站的距离从101 ft(1 ft=0.304 8 m)变为100 ft会使房产价值升高18.9美元,从1 001 ft变为1 000 ft会使房产价值升高2.75美元。即距停靠站越近,房产价值越高,并且价格增加率随着距离的增加而降低[65]。快速公交可显著降低公交出行时间,因此必然会吸引一些出行者放弃小汽车出行,而使用公交出行。在这种情况下,二次影响可能出现,即小汽车流量减少后,小汽车出行条件得以改善,可能会再次吸引公交出行者回归到小汽车出行。Mcdonnell和Zellner使用prototype agent-based模型对快速公交的二次影响进行研究,证实了该现象的存在,并提出避免其发生的措施[66]。Mcdonnell,Ferreira和Convery研究了快速公交对于缓解交通碳排放的作用,对于所选样本来说,快速公交的实施使得高峰期的碳排放量降低了50%[67]。Mishra,Parida和Rangnekar建立了快速公交沿线交通噪声排放量的估算模型,以德里快速公交为实例,研究发现快速公交沿线的噪声超过了国家标准,为此,提出了相应的缓解措施[68]。Zargari和Khan应用已有的重型汽车燃油消耗模型,考虑快速专用道的设计特点和公交车的运行特点,建立了快速公交的燃油消耗模型[69]。Wright和Hook研究发现建设快速公交所需成本少于轻轨的4~20倍,少于地铁的10~100倍[70]。Hidalgo和Graftieaux总结了拉丁美洲和亚洲11个快速公交系统的投资费用,发现快速公交每公里的投资费用介于135万美元(雅格达)与800万美元(波哥大)之间[71]。

2) 快速公交国内建设及研究概况

我国是世界上近5年来快速公交发展最快的国家,快速公交在我国的发展状况与设计运营特征如表1-7所示[16]。截止到2013年,我国已有18个城市建设运营了快速公交,运营里程达到480 km。我国的快速公交专用道主要位于道路中央,停靠站形式均为直线式,售票方式以车外售票为主,通常各车门均可上下客,且大多数城市的快速公交实现了乘客水平登车。

我国各城市的快速公交载客量差异较大,广州的高峰载客量达到每小时29 900人,而枣庄的高峰载客量只有每小时700人,重庆只有600人。平均运营速度的差异也较大,枣庄、重庆、常德的高峰时段平均运营速度可达到30 km/h,而乌鲁木齐的平均运营速度为10~13 km/h。

表 1-7　我国快速公交发展状况与设计运营特征

城市名称	快速专用道总长度（km）	快速专用道位置	停靠站形式	售票方式	上下客方式	乘客登车方式	高峰载客量（人/h/方向）	高峰平均运营速度（km/h）
北京	59	路中央	直线式	车外	各车门同时上下	水平	2 750	18～20
常州	41	路中央	直线式	车外	各车门同时上下	水平	4 500	18
广州	22.5	路中央	直线式	车外	各车门同时上下	水平/有台阶	29 900	17～19
杭州	18.8	路中央边侧	直线式	车外	各车门同时上下	水平	6 300	18
郑州	26.6	路中央	直线式	车外	各车门同时上下	水平	5 600	15
昆明	46.7	路中央	直线式	车内	前门上后门下	有台阶	3 500	14
大连	9	主要为路中央	直线式	车外	各车门同时上下	水平	5 800	23～25
济南	34.4	路中央	直线式	车外	各车门同时上下	水平	3 300	14
合肥	7.7	路中央	直线式	车外	各车门同时上下	有台阶	2 700	16～18
常德	18.9	路中央	直线式	车外	各车门同时上下	水平	800	31
兰州	8.6	路中央	直线式	车外	各车门同时上下	水平	6 140	22
连云港	34	路中央	直线式	车外	各车门同时上下	水平	1 650	18
厦门	48.9	高架	直线式	车外	各车门同时上下	水平	8 360	27
盐城	16	路中央	直线式	车外	各车门同时上下	水平	1 300	18
银川	17	路中央	直线式	车外	各车门同时上下	水平/有台阶	3 600	15
枣庄	33	路中央	直线式	车外/车内	都有	水平	700	30

续表 1-7

城市名称	快速专用道总长度（km）	快速专用道位置	停靠站形式	售票方式	上下客方式	乘客登车方式	高峰载客量（人/h/方向）	高峰平均运营速度（km/h）
重庆	6	主要为路中央	直线式	车外/车内	都有	有台阶	600	31
乌鲁木齐	28	主要为路中央	直线式	车外	各车门同时上下	水平	6 950	10~13

国内对快速公交的研究视角与国外不同，国内的研究尚处于前期阶段，即国内更关注快速公交停靠站设计、线路设计、快速公交的规划和通行能力问题。

快速公交停靠站与线路设计方面。戴炳奎研究了快速公交站间距优化、站点选址优化以及站点设计优化问题。站间距优化方面，考虑乘客、公交运营公司、社会三者利益，以社会经济效益最大化为目标，建立了站间距优化模型，并以广州快速公交试验线为实例验证了模型的可行性和科学性。站点选址优化方面，在定性比较站点设置在路段、交叉口上游和交叉口下游优缺点的基础上，提出了选址建议。站点设计优化方面，探讨了岛式站台和侧式站台的优缺点，为站点选型提供参考意见。最后，给出了港湾式和非港湾式站台的站长和站宽的计算方法[72]。吴祥国、姜洋和张汝华等研究了快速公交各类型站点的步行吸引范围及其影响因素。研究表明站点步行吸引范围应主要以乘客步行吸引距离为标准，乘客步行吸引距离与其月收入相关性最大，快速公交的首末站步行吸引半径为普通站点的2~3倍[73]。莫一魁提出了以直达客流运输密度最大和直达客流绕行系数最小为目标的快速公交线网布局双层非线性优化模型，并给出了以逐条布设法为基础的实用求解算法[74]。李春燕等分析了快速公交线路布设的内部条件和外部条件，在此基础上，以乘客总出行时耗最小和车公里成本投入最小为目标，建立了线路布局优化模型[75]。

快速公交规划方面。吴永鑫首先分析了快速公交系统规划的目标、层次和流程，快速公交系统与城市布局和土地利用的关系；然后研究了线网和具体走廊的规划方法，并对专用道、停靠站、车辆等要素的规划设计进行了探讨；最后建立了我国城市快速公交规划方案的适应性评价指标体系，并选择AHP/有效性排序DEA方法对适应性评价指标体系进行评价[76]。鲁洪强探讨了规划工作的流程及主要内容的规划方法，并提出了评价指标体系，分析了快速公交专用道和停靠站的设置原则及站点优化方法[77]。朱晓冬在研究快速公交系统规划设计理论和运营组织理论的基础上，对广州市快速公交系统进行分析设计，包括专用道、优先信号、停靠站及车辆，提出了专用道组织形式和线路规划思路框架；然后结合站点布设优化方法对中山大道的停靠站布设方案进行设计；还阐述了交叉口空间优先设置方法和时间优先控制技术，建立了基于灰色聚类分析的设计方案评价方法，并对关键交叉口展开了基于仿真的交通组织方案效果评价[78]。

快速公交通行能力方面。胡非与分别从交叉口和停靠站两方面分析了快速公交的通行能力，分析表明停靠站是限制通行能力的瓶颈，因此把停靠站通行能力作为快速公交系统的通行能力。停靠站通行能力受停靠站几何设计、停靠时间、停靠时间变异系数、运营组织、车辆自身条件等多方面的限制。通过考虑停靠站和交叉口之间的距离、停靠时间对通行能力的影响,对现有停靠站通行能力计算模型进行了修正[79]。税文兵则从专用道、停靠站、信号交叉口公交专用进口道三方面对快速公交通行能力进行了研究。在对现有城市道路、交叉口、停靠站通行能力计算模型进行对比分析的基础上,提出了中央公交专用道路段通行能力和信号交叉口中央公交专用进口道通行能力的计算模型,并改进了现有停靠站通行能力的计算模型[80]。

1.2.3　公交专用道服务水平研究概况

国内外关于公交专用道服务水平的研究并不多见,据可查阅文献,东南大学邱云研究了公交专用道服务质量、台湾学者徐培修和陈丽敏研究了公交专用道服务水平问题。

邱云分别对专用道路段、停靠站、交叉口三方面的服务质量进行研究,最后用层次分析法分析上述三类设施对专用道服务质量的影响权重。路段服务质量方面,以公交车速作为评价指标,在考虑饱和度和路侧连接支路交通量对车速影响的基础上,修正了现有公交车速的计算模型;停靠站服务质量方面,以排队概率作为评价指标,运用排队论建立了基于排队概率的服务质量模型;交叉口服务质量方面,以延误作为评价指标,提出非饱和与过饱和状态下交叉口延误的计算方法[81]。

徐培修首先选取公交车在站延误作为服务水平的评价指标,然后实地调查了影响延误的因素包括进出站人数、车队长度、绿信比和泊位数,在此基础上,运用回归分析建立了以上述因素为自变量的延误估算模型。最后基于大量的延误数据,运用统计分析方法建立了服务水平分级[82]。陈丽敏也选取延误作为服务水平的评价指标,在修正现有专用道仿真模型的基础上,运用回归分析建立了以站区长度、信号周期、有效绿信比、大型车比例、公交车到达间距和服务时间为自变量的延误估算模型。在得到大量延误数据的基础上,运用因子评点法确定了服务水平分级[83]。

1.2.4　公交服务水平国内外研究不足

鉴于国内外对公交专用道服务水平研究较少的事实,本书主要从公交服务水平和公交专用道两方面阐述了国内外研究概况。公交专用道服务水平属于公交服务水平的范畴,是考虑公交专用道特性的公交服务水平,本节将着重分析公交服务水平研究方面的不足。本书以公交专用道研究方面的启发为基础,全面考虑公交服务水平研究方面的不足,展开公交专用道服务水平的研究。具体而言,目前国内外在公交服务水平研究方面的不足为:

1) 公交专用道服务水平的研究较少,且现有研究主要关注运行状况

国内对公交专用道的设计(包括布设位置、隔离方式、交叉口处理方式、站点位置、站距、线路优化等)、规划和通行能力等进行了大量的研究。国外对新型公交专用道、公交专用道运营后对沿线土地利用、居民出行行为、环境和能源消耗产生的影响等进行了大量的研究。但对公交专用道服务水平的研究却不多见,为数不多的公交专用道服务水平研究也只关注运行状况,没有关注乘客的感知。

2) 研究成果不便于比较不同公交系统的服务水平

国内外通常以多指标评价公交服务水平,采用多指标可全面地评价公交服务,但随之而来的问题是当比较不同公交系统的服务状况时,难以给定一个综合的评价结论。对于特定的公交系统,总存在服务的关键方面。如评价北美地区的公交服务水平时,由于北美地区公

交覆盖率低,首先要评价可用性,而对于我国,由于城市公交覆盖率相对较高,并不强调可用性,更关注可靠性。因此,针对特定地区的公交系统展开服务水平研究时,有必要进行其关键方面分析与关键方面的单一评价指标研究,以便于比较不同公交系统的服务水平。

3) 较少研究直接反映乘客感知的公交服务水平评价指标

交通设施的服务水平最初主要反映运行状况,如分别以密度、速度、延误作为高速公路路段、城市道路路段、交叉口的服务水平评价指标,这些指标均直观反映运行状况。目前,观念逐步转变为服务水平应反映用户的感知。对于公交服务水平,TCQSM已经明确指出要反映乘客的感知。但TCQSM使用的评价指标,如服务频率、服务时间、准点率等,仍然主要反映运行状况,没有直接体现乘客感知,如准点率从80%提高到90%,无法直接体现乘客的感知做何变化。因此,有必要进行直接反映乘客感知的公交服务水平评价指标研究。

4) 公交服务水平分级的研究较少

我国对公交服务水平的研究偏重于指标体系的构建和评价方法的选择,很少研究其服务水平分级问题,相应地无法量化公交服务水平等级。国内外对于其他设施的服务水平分级进行了一定的研究,但多是依据专家判别,主观性强,很少依据具有理论基础的方法来研究。因此,有必要进行公交服务水平分级的理论研究。

1.3 研究目标及主要内容

1.3.1 研究目标

以公交专用道在我国快速发展为背景,针对我国尚缺乏公交专用道服务水平评估方法的事实,本书的研究目标在于建立一套公交专用道服务水平评估方法。本书将充分考虑现有公交服务水平研究的不足,分别从车辆运行状况和乘客感知的角度来研究公交专用道服务水平评估方法,包括反映车辆运行和乘客感知单一评价指标的选取、指标估算模型的构建、服务水平分级的理论研究,以及车辆运行和乘客感知相互关系的研究。

1.3.2 主要研究内容

本书将公交专用道服务水平定义为:公交专用道服务水平是对公交专用道提供的服务质量的等级量化,通常是指以特定指标描述的公交专用道上公交车辆运行状况与乘客感知状况的等级水平,分为一级~四级4个级别,其中,一级代表最好,四级代表最差;包括车辆运行服务水平和乘客感知服务水平两方面,其中,车辆运行服务水平是指以特定指标描述的车辆运行状况的等级水平,乘客感知服务水平是指以特定指标描述的乘客感知状况的等级水平。

交通设施服务水平评估方法的研究通常按照评价指标选取、指标影响因素分析、指标估算模型构建、服务水平分级及服务交通量界定的思路来进行。本书将按此思路展开对公交专用道车辆运行服务水平和乘客感知服务水平评估方法的研究,并对车辆运行服务水平和乘客感知服务水平的关系进行研究。具体而言,本书的主要研究内容如下:

1) 服务水平评价指标选取及影响因素分析

在分析我国公交服务关键方面的基础上,结合公交专用道的特点,选取公交车在公交专用道的延误(简称公交专用道延误)作为车辆运行服务水平的评价指标。公交专用道延误包括公交车在路段、停靠站和交叉口的延误。考虑到所选指标要直观反映乘客的感知,选取乘客满意度作为乘客感知服务水平的评价指标。

从道路特性、停靠站特性、车辆特性、交通特性及乘客特性等方面分析影响公交专用道延误的因素。从公交出行的微观过程和乘客个人属性出发,分析影响乘客满意度的因素。

2) 公交专用道延误估算模型

为了得到公交专用道延误估算模型,分别研究公交车在路段、停靠站和交叉口的延误估算模型,其中,以停靠站延误估算模型为研究重点。

通过分析公交车在停靠站的等待过程,给出停靠站延误的分类及定义。运用排队论、随机变量函数、幂级数等相关知识,考虑公交车到达率、停靠站通行能力、泊位数、信号参数等因素,基于平均排队时间、排队时间标准差及延误产生概率,从理论上构建停靠站延误估算模型。开展公交专用道停靠站实地调查,以对停靠站延误估算模型进行参数估计和模型验证。

3) 车辆运行服务水平分级及服务交通量

介绍服务水平分级的理论方法,包括因子评点法、聚类分析法以及本书提出的服务水平分级方法。建立用于车辆运行服务水平分级的延误样本,包括确定延误估算模型中解释变量的取值、应用本书建立的延误估算模型计算延误值。分别采用多种分级方法进行车辆运行服务水平分级,然后通过分析多种方法的分级结果确定公交专用道车辆运行服务水平分级。

建立公交专用道的 VISSIM 仿真模型。以此为基础,研究公交专用道延误与服务交通量的二元关系。通过分析二者关系,确定各级服务水平的服务交通量。

4) 乘客满意度分析及乘客满意度估计模型

设计乘客满意度调查的问卷,开展乘客满意度问卷调查。针对回收的有效样本,进行样本特性分析和乘客满意度特性分析,并采用 T 检验和单因素方差分析进行乘客满意度的差异性检验。

以乘客出行特征(包括到站时间、潜在等车时间、停靠站设施水平、车内时间、车内拥挤度)和乘客个人属性(包括性别、年龄、受教育程度、职业、出行目的、有无私家车)为拟定解释变量,运用有序 Logistic 回归分析,构建乘客满意度估计模型,并对乘客满意度估计模型进行分析。

5) 车辆运行服务水平和乘客感知服务水平的关系研究

首先间接地研究乘客感知服务水平对车辆运行服务水平的影响,包括车内拥挤度对公交车完成上下客时间的影响、乘客满意度对车辆运行服务水平的影响。然后研究车辆运行服务水平与乘客感知服务水平的关系,包括两类服务水平评价指标的关系、两类服务水平分级的关系。

6) 公交专用道服务水平评估方法

从决策者评估公交专用道服务水平所关注的问题出发,梳理公交专用道车辆运行服务水平和乘客感知服务水平的评估方法,包括评估思路、调查方法和评估步骤,以方便本书研究成果的应用。

1.4 研究方法及技术路线

1.4.1 研究方法

在广泛查阅及分析相关文献的基础上,本书采用理论分析法、实地调查法、统计分析法、交通仿真法及计算机编程法等方法研究公交专用道服务水平的评估方法。

1)理论分析法

运用排队论、随机变量函数、幂级数等相关知识,从理论上推导公交专用道的停靠站延误估算模型。

运用概率论知识,结合乘客等车行为,从理论上推导乘客等车时间分布的估算方法。

2)实地调查法

为了验证停靠站延误估算模型,在南京和常州进行公交专用道停靠站实地调查,调查公交车到达率、停靠时间及相应的延误等。

为了构建乘客满意度估计模型,在常州公交专用道进行乘客满意度问卷调查,调查乘客的出行特征、个人属性及相应的满意度。

3)统计分析法

利用 K-S 检验,进行延误的正态分布和负指数分布检验。

利用 K 均值聚类、模糊 C 均值聚类及本书提出的服务水平分级方法,界定公交专用道车辆运行服务水平分级。

利用曲线拟合回归分析,研究延误与服务交通量的关系。

利用有序 Logistic 回归分析,研究乘客满意度估计模型。

4)交通仿真法

为了研究延误与服务交通量的关系,利用 VISSIM 仿真软件,建立公交专用道的仿真模型。

5)计算机编程法

书中复杂的计算均采用 MATLAB 编程,包括基于最小二乘法的停靠站延误估算模型参数估计、停靠站延误估算模型验证、延误样本构建、基于模糊 C 均值聚类的车辆运行服务水平分级等。

1.4.2 技术路线

首先进行大量的文献收集、阅读及整理,分析现有文献的不足。在此基础上,明确本书的研究目标、主要研究内容和研究方法。为了实现研究目标,本书的技术路线如图 1-2 所示。本书突破以往的服务水平研究思路,从车辆运行和乘客感知的角度研究公交专用道服务水平,然后对二者的关系进行研究,并梳理公交专用道服务水平评估方法,以方便本书研究成果在实践中的应用。对于公交专用道车辆运行服务水平和乘客感知服务水平,均按照评价指标选取、指标影响因素分析、指标估算模型构建及服务水平分级的思路展开,具体见图 1-2。

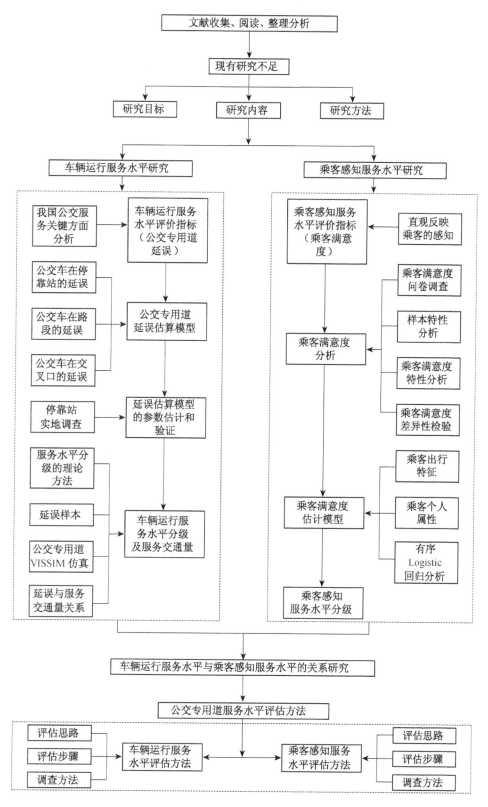

图 1-2 技术路线

1.5 本书组织结构

根据研究内容,全书共分为九章:

第一章绪论。介绍本书的研究背景及意义、国内外研究概况、国内外研究不足、研究目标及主要内容、研究方法及技术路线以及本书组织结构。

第二章主要定义公交专用道服务水平、选取服务水平的评价指标、分析指标的影响因素,为后续章节奠定基础。首先介绍停靠站和公交专用道的分类及组成;在分析服务水平现有定义的基础上,给出本书的公交专用道服务水平定义;分析我国公交服务的关键方面,选取公交专用道延误作为车辆运行服务水平的评价指标;选取乘客满意度作为乘客感知服务水平的评价指标,并给出乘客满意度的定义;分析公交专用道延误和乘客满意度的影响因素,并确定构建二者模型要考虑的因素。

第三章构建公交专用道延误估算模型。界定研究延误针对的专用道类型;运用排队论、随机变量函数、幂级数等相关知识,考虑公交车到达率、停靠站通行能力、泊位数及信号参数等因素,基于平均排队时间、排队时间标准差和延误产生概率,从理论上推导停靠站延误估算模型;介绍停靠站单泊位通行能力的计算方法;介绍停靠站实地调查情况,基于调查数据进行参数估计和模型验证;分析公交车在路段和交叉口延误的计算方法,结合停靠站延误估算模型,建立公交专用道延误估算模型。

第四章界定车辆运行服务水平分级及服务交通量。介绍因子评点法、K均值聚类、模糊C均值聚类等服务水平分级的理论方法,提出本书的服务水平分级方法;通过确定解释变量的取值,应用本书建立的延误估算模型构建延误样本;对延误进行正态分布和负指数分布检验;运用多种理论方法进行车辆运行服务水平分级,通过分析多种方法的分级结果确定公交专用道车辆运行服务水平分级;建立普通公交专用道和快速公交专用道的 VISSIM 仿真模型;基于仿真数据研究延误与服务交通量的关系;通过分析二者关系,界定各级服务水平的服务交通量。

第五章介绍乘客满意度问卷调查及进行乘客满意度分析。介绍问卷设计思路和问卷内容;介绍问卷调查情况及数据分析方法;对样本特性、乘客满意度特性进行分析;采用T检验和单因素方差分析对乘客满意度进行差异性检验。

第六章构建乘客满意度估计模型及潜在等车时间估算方法。介绍有序 Logistic 回归分析的相关知识;考虑乘客出行特征和乘客个人属性,通过逐步剔除不显著相关的变量,建立乘客满意度估计模型;并从系数、解释变量作单位变化等角度对模型进行分析;界定乘客感知服务水平分级;通过分析乘客等车时间的概率密度和分布函数,从理论上推导等车时间分布的估算方法,以估算潜在等车时间。

第七章建立车辆运行服务水平与乘客感知服务水平的联系。研究车内拥挤度对公交车完成上下客时间的影响;通过建立乘客满意度与车内拥挤度的关系,分析保证乘客满意的车辆运行服务水平的服务乘客量;以车内时间为纽带,建立乘客满意度与公交专用道延误的关系式;通过给定理想车内时间的取值,分析车辆运行服务水平分级与乘客感知服务水平分级的关系。

第八章梳理公交专用道服务水平评估方法。梳理公交专用道车辆运行服务水平的评估方法,包括评估思路、调查方法、公交专用道区间的划分方法、区间的车辆运行服务水平评估步骤、专用道的车辆运行服务水平评估步骤;梳理乘客感知服务水平的评估方法,包括评估思路、调查方法,乘客总体感知服务水平的评估步骤、不同乘客群体感知服务水平的评估步骤;对本书提出的服务水平评估方法进行评价,并进行示例性说明。

第九章结论和展望。总结主要研究成果与结论;概括本书的主要创新点;分析研究的不足,并提出今后研究的方向。

1.6 本章小结

本章首先阐述了本书的研究背景及意义;然后系统深入地介绍了公交服务水平、公交专用道、公交专用道服务水平的国内外研究概况,并着重分析了公交服务水平研究方面的不足;在此基础上,明确了本书的研究目标和主要内容;然后介绍了本书的研究方法、技术路线和组织结构。

第二章 公交专用道及其服务水平

2.1 公交专用道

公交专用道可分为普通公交专用道和快速公交专用道。普通公交专用道是指在城市道路特定路段上设置隔离设施或者标志、标线将一条或多条车道与其他车道分隔开,仅供公交车在全天或某时段行驶,即为通常所说的公交专用道[10]。快速公交专用道是指快速公交BRT的道路基础设施,即快速公交的专用车道。

本书将公交专用道服务水平定义为:公交专用道服务水平是对公交专用道提供的服务质量的等级量化,通常是指以特定指标描述的公交专用道上公交车辆运行状况与乘客感知状况的等级水平,分为一级~四级4个级别,其中,一级代表最好,四级代表最差;包括车辆运行服务水平和乘客感知服务水平两方面,其中,车辆运行服务水平是指以特定指标描述的车辆运行状况的等级水平,乘客感知服务水平是指以特定指标描述的乘客感知状况的等级水平。

本书研究公交专用道服务水平的评估方法时,所考虑的公交专用道不仅是一条车道,而是包括专用道路段、交叉口、停靠站、公交车、乘客等在内的一个体系。

下面分别介绍停靠站、普通公交专用道、快速公交专用道的概念、分类及组成。

2.1.1 停靠站

停靠站是指乘客在此候车,公交车在此停靠服务乘客的设施。根据站台形式可分为直线式停靠站和港湾式停靠站[11]。直线式停靠站是指将公交车的停靠泊位直接设在行车道上的一种传统的停靠站形式,易于施工,应用广泛,如图2-1所示。港湾式停靠站是指把停靠泊位设在正常行驶的车道之外,通过拓宽道路来获得泊位,如图2-2所示。港湾式停靠站可减少由于公交车停靠而对交通造成的干扰,还可为后到先走的公交车提供超车空间,适合于公交车流量较大的路段。

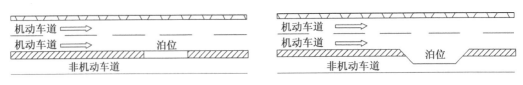

图 2-1 直线式停靠站　　　　图 2-2 港湾式停靠站

停靠站按照在路段上的位置可分为上游停靠站、下游停靠站和中间停靠站[84]。上游停靠站是指设置在交叉口进口道,车辆通过交叉口前停靠的站点;下游停靠站是指设置在交叉口出口道,车辆通过交叉口后停靠的站点;中间停靠站设置于路段中间。公交车在上游停靠站服务乘客时会受到交通信号的显著影响。

2.1.2 普通公交专用道

普通公交专用道是指在道路交通条件允许的特定城市道路路段上,通过标志、标线或其他隔离设施划分出一条或几条车道,全天候或分时段供公交车专用,以赋予公交车专有的道路使用权,即为通常所说的公交专用道。普通公交专用道可设在地面、地下,也可以是高架式。本书研究城市道路地面公交专用道。普通公交专用道主要分为中央式公交专用道、路中型公交专用道和路边型公交专用道[11,49,85]。

中央式公交专用道是指将专用道铺设在道路中央,与中央隔离带、隔离栏或隔离线相邻的车道上,如图2-3所示。这种形式的专用道可保证公交车几乎不受路边停车、社会车辆右转、非机动车以及出租车上下客等的影响。但为了更好地与其配合使用,停靠站也要设置在道路中央,这对于无中央隔离带的道路来说,设置起来非常困难。而且乘客需要穿越机动车道进出停靠站,既不安全,也不方便。

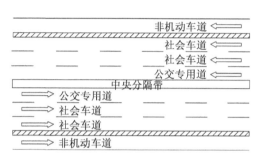

图 2-3 中央式公交专用道

路中型公交专用道是指将专用道铺设在道路的中间车道上,如图2-4所示。这种形式的专用道与途中的停靠站协调起来很复杂,适合沿途没有停靠站的情况。但是我国两个交叉口之间的路段没有停靠站的情况很少,故路中型公交专用道在我国很少见[11]。

路边型公交专用道是指将专用道铺设在机动车道外侧,它的右侧即为机非隔离带或非机动车道,如图2-5所示。停靠站就设置在机非隔离带上或占用部分非机动车道。这种形式的专用道便于乘客进出站和车站布置。但是容易受到路边停车、社会车辆右转、非机动车等的影响。我国的普通公交专用道多为这种形式[10,11,47]。

图 2-4 路中型公交专用道

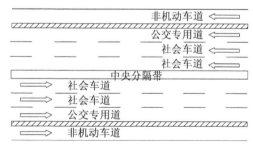

图 2-5 路边型公交专用道

2.1.3 快速公交专用道

快速公交专用道是指快速公交的道路基础设施,即快速公交的专用车道。快速公交(Bus Rapid Transit,简称BRT)是目前世界上广泛推广,且成功应用的一种新型公共交通方式。它将轨道交通的高效性、可靠性与常规公交的灵活性、低成本结合起来,它的投资与运营成本比轨道交通低,运营效果比常规公交优良,是一种介于轨道交通与常规公交之间的交通方式。

不同的组织、国家对快速公交有不同的定义,现列举几种有代表性的定义。TCRP 报告 90 对它的定义是:快速公交是一种灵活的、橡胶轮胎式的快速公交,整合车站、车辆、服务、运行道路和智能交通元素为一个具有鲜明形象标识的综合系统(a flexible, rubber-tyred form of rapid transit that combines stations, vehicles, services, running ways, and ITS elements into an integrated system with a strong identity)[86]。美国联邦交通部 FTA(Federal Transit Administration)对它的定义是:快速公交是一种可提供轨道交通品质和公共汽车交通灵活性的快速交通方式(a rapid mode of transportation that can combine the quality of rail transit and the flexibility of buses)[87]。我国建设部〔38〕号文对它的定义是:利用现代化大容量专用公共交通车辆,在专用的道路空间快速运行的公共交通方式,具有与轨道交通相同的运量大、快捷、安全等特性,而造价和运营成本相对低廉[80]。快速公交包括运行道路(Running Way)、停靠站(Station)、车辆(Vehicle)、收费(Fare Collection)、服务(Service)、线路结构(Route Structure)、运营计划(Operating Planning)及智能交通元素(ITS)[88]。

快速公交专用道主要包括中央式和边侧式两类。由于可保证高度的专有路权,中央式快速公交专用道在国内外得到广泛使用[80],如图 2-6 所示。运行在快速公交专用道上的快速公交车往往采用大容量的、具有统一形象标识的改良型公交车。我国常用的快速公交车常为单铰接车,车长 18 m,4 个车门,载客量约 120~180 人,如图 2-7 所示。

图 2-6 中央式快速公交专用道

图 2-7 快速公交车

服务于快速公交专用道的快速公交停靠站形式多样,典型的快速公交停靠站通常是全封闭的、出入口固定、登车口固定且为感应式、车外售票即乘客进入停靠站时付费、乘客水平登车,如图 2-8 所示。由于快速公交专用道多为中央式专用道,如果将停靠站设置在路段中间,就需要额外修建地下通道或天桥来保证乘客能够安全进出,如果设置在交叉口进出口道上,就可利用交叉口的行人过街设施来方便乘客进出。因此,快速公交停靠站通常设置在交叉口的进出口道上,即多为上游停靠站或下游停靠站。同样由于快速公交专用道多为中央式专用道及我国公交车为右侧开门,很难利用相邻的社会车道提供港湾式停靠站,因此我国的快速公交停靠站多为直线式停靠站。

第二章 公交专用道及其服务水平

(a) 全封闭的快速公交停靠站

(b) 快速公交停靠站内部

(c) 快速公交停靠站进出口

(d) 快速公交停靠站车外售票处

(e) 快速公交停靠站登车口

(f) 乘客水平登车

图 2-8　快速公交停靠站

2.2　公交专用道服务水平

服务水平的概念首次出现于 1965 年版的 HCM,该手册首次以目前熟悉的字母等级划分各类交通设施(包括城市道路路段、交叉口、高速公路路段、交织区等)的服务水平[18]。

23

2000 年版的 HCM 对服务水平的定义是"以速度、出行时间、驾驶自由度、交通中断、舒适便利性等指标描述的特定交通流运行状况的质量分级"。2010 年版的 HCM 对服务水平的定义稍做修正,将其描述为"服务水平是对服务质量性能指标的一种量化分级"[19]。HCM 使用单一指标评价设施的服务水平,并根据这一指标将服务水平分为 A~F 6 个级别,其中 A 代表最好的运行状况,F 代表最差的运行状况。例如,HCM 以控制延误(Control Delay)来评价城市道路信号交叉口的服务水平,并根据控制延误将信号交叉口的服务水平分为 6 级,如表 2-1 所示。

表 2-1 城市道路信号交叉口服务水平分级

服务水平等级	控制延误(s/车)
A	<10
B	10~20
C	20~35
D	35~55
E	55~80
F	>80

TCQSM 给交通运输从业者提供了一系列评价公交服务质量和通行能力的技术,是公交服务水平方面最为权威的手册。TCQSM 对服务水平的定义是"基于乘客对公交服务特定方面的感知,指定特定评价指标的一系列阈值,以 A 代表最好,F 代表最差"[20]。TCQSM 使用多指标来评价公交服务水平,即以服务频率、服务时间、公交支持区覆盖率、载客率、准点率、公交与小汽车出行时间差来评价公交服务水平,并分别根据这些指标将服务水平分为 A~F 6 个级别,如表 1-1~表 1-6 所示。

我国学者对公交服务水平的定义是"乘客从公交设施条件、运行状况等方面可得到的服务程度或服务质量,即公交所有元素提供的服务所达到的水平、公交服务为满足乘客的需求所达到的满足程度。它是城市中公交产业为居民的乘行服务内容和数量的多少、服务质量的好坏程度的综合反映"[31,35]。我国学者采用指标体系即多指标来评价公交服务水平,如采用载客率、到站距离、等车时间、出行时间、准点率、行车平稳性、出行成本等评价公交服务水平。

HCM 对服务水平的定义表明服务水平要体现交通运行状况,TCQSM 对公交服务水平的定义表明服务水平要反映乘客感知。我国的定义与 TCQSM 类似,强调公交服务水平要体现公交服务满足乘客需求的程度。本书在综合考虑 HCM、TCQSM、我国学者对服务水平定义的基础上,对公交服务水平做如下建议性定义:以特定指标描述的公共交通服务过程中车辆运行状况与乘客感知状况的等级水平,分为一级~四级 4 个级别,其中,一级代表最好,四级代表最差。本书的定义强调公交服务水平既要体现车辆所经历的交通状况,也要体现公交服务满足乘客需求的程度,二者相互联系却不可替代。

本书将公交专用道服务水平定义为:公交专用道服务水平是对公交专用道提供的服务质量的等级量化,通常是指以特定指标描述的公交专用道上公交车辆运行状况与乘客感知状况的等级水平,分为一级~四级 4 个级别,其中,一级代表最好,四级代表最差;包括车辆运行服务水平和乘客感知服务水平两方面,其中,车辆运行服务水平是指以特定指标描述的车辆运行状况的等级水平,乘客感知服务水平是指以特定指标描述的乘客感知状况的等级水平。

2.3 服务水平的评价指标

公共交通是个复杂的系统,包括道路基础设施、车辆、乘客、运营者等。TCQSM 及我国学者采用多指标评价公交服务是合理的。但伴随的问题是当对不同公交系统，或同一系统不同时间的表现进行比较时，难以给定一个综合的评价结论。例如，两个公交系统，某系统的准点率好，而另一个系统的服务时间长，这时无法评价这两个系统总的服务水平。因此，有学者建议进行特定公交服务单一评价指标的研究[24-27]。考虑到该建议的可行性及HCM中以单一指标评价设施的服务水平，因此，本书试图以单一指标评价公交专用道服务水平。

2.3.1 车辆运行服务水平的评价指标

评价公共交通车辆运行状况应该从多方面进行，应从可用性、经济性、舒适性、安全性、可靠性、便捷性等方面进行。其中，可靠性是指等车时间、出行时间等服务属性的不变性[89-91]，通俗地讲，就是指等车时间和出行时间变动范围小，使得乘客能够把握是否可准时到达目的地。便捷性是指公交出行应花费较短的等车时间和出行时间。对于特定地区的公交系统，必然存在服务的关键方面，选取的单一指标要反映公交服务的关键方面。因此，选取车辆运行服务水平评价指标的思路是首先分析公交服务的关键方面，然后分析影响该关键方面的指标，这一指标即确定为车辆运行服务水平的评价指标。

评价北美地区的公交服务时，由于北美地区公交覆盖率低，首先要评价可用性。而对于我国，城市公交的时间和空间覆盖率都比较高，可用性并不是关键方面。由于我国公交票价低，公交出行的成本很低，经济性也不是关键方面。交通运输的首要任务是安全、准时地将乘客和货物运输到目的地，因此安全、可靠、便捷是乘客对于公交服务的基本需求。舒适性对于乘客来说也很重要，但这是高层次的需求，人们往往在满足基本需求后才会特别关注高层次需求，因此舒适性也不是关键方面。安全性是公交服务最为重要的方面，但这方面基本可以满足，公交方面的事故毕竟鲜有发生，并非每次出行都可能遇到不安全事件。但是不可靠、不便捷却是我国公交出行经常遇到的问题，公交车经常晚点、出行时间过长是居民对公交最深刻的印象。因此，可靠性和便捷性是我国公交服务的关键方面，其他方面均受到可靠性和便捷性的影响，可靠性和便捷性的改善也会使公交的舒适性、安全性等得到改善。

公交专用道由路段、停靠站、交叉口组成。路段上由于专有的通行权，车辆运行状况相对顺畅，停靠站和交叉口是公交专用道运营服务过程中的瓶颈。停靠站处串车现象、停靠站和交叉口处排队现象严重，这种不良的运行状况导致公交车在停靠站和交叉口延误的产生。整个行程中的延误逐步积累，最终导致服务的不可靠和不便捷，从而影响整个系统的运营状况。因此，公交车在停靠站和交叉口的延误是公交专用道运营服务不可靠和不便捷的根源。为了更加全面地评价公交专用道的服务水平，应将路段的延误亦考虑在内。因此，本书以公交车在公交专用道的延误（简称公交专用道延误）作为车辆运行服务水平的评价指标。公交专用道延误包括公交车在停靠站的延误、在交叉口的延误以及在路段的延误。

2.3.2 乘客感知服务水平的评价指标

TCQSM虽然指出服务水平要反映乘客感知，但使用的评价指标，如服务频率、服务时间、准点率等，仍没有直接体现乘客感知。例如，准点率从80%提高到90%，无法获知乘客感知做何变化。公共交通属于服务行业，服务行业的最终目标是要满足顾客的需求。本书选取乘客满意度作为乘客感知服务水平的评价指标，乘客满意度可直接体现乘客感知。

乘客满意度的概念从顾客满意度类比而来。顾客满意度是指顾客通过对产品或服务的期望与实际消费经历的比较,以产生的差距大小来判断其需求被满足的程度,可以是一次体验的主观评价,也可以是多次体验的累计评价[92]。因此,有学者将乘客满意度定义为"乘客在使用公交服务过程中,产生对公交服务质量和价值的感知,并将这种感知同使用前的期望和对公交企业形象的认知相比较,从而得到的感受"[93]。也有学者认为乘客满意度是乘客对公交服务的一种整体反应,代表乘客对服务不同方面主观感知的综合[92]。

本书将乘客满意度定义为乘客在多次使用公交服务后,产生的对公交服务的总体主观感受,分为非常满意、满意、不满意、非常不满意4个级别。

2.4 评价指标影响因素分析

评价指标影响因素分析是为确定构建其模型时要考虑的因素。分别分析公交专用道延误与乘客满意度的影响因素,在众多影响因素中,通过考虑因素的常用性和易获得性,确定构建二者模型时要考虑的因素。

2.4.1 公交专用道延误影响因素分析

上游停靠站(即设置在交叉口进口道的停靠站)通常是公交专用道上车辆运行状况最差的部分,停靠站的串车排队现象在交叉口信号灯的作用下变得更加严重。公交车在此类停靠站的延误不仅包含了停靠站串车排队现象导致的延误,还包含了交叉口影响下的延误。因此,本书重点研究公交车在上游停靠站的延误。下面首先分析公交专用道延误的影响因素,然后具体分析停靠站延误的影响因素。

公交专用道延误受到道路特性、停靠站特性、交通特性、信号特性、车辆特性及乘客特性的影响。道路特性包括公交专用道的平面线形、纵断面线形、专用道布设位置、专用道车道数等。停靠站特性包括停靠站距交叉口距离、泊位数、站距、站台形式等。交通特性包括公交车流量、交叉口转向流量、载客量等。信号特性包括周期长度、绿信比、公交优先信号等。车辆特性包括车辆尺寸、车门数、最高速度、加减速度等。乘客特性包括客流量、乘客类型等。

具体对于停靠站延误而言,在以上众多影响因素中,停靠站特性中的泊位数、交通特性中的公交车流量即公交车在停靠站的到达率是研究停靠站延误时经常被考虑的因素。例如,Xu Zhi, Akpakli 和 Yang Xiaokuan 研究了泊位数和到达率对停靠站延误的影响,并建立了以它们为解释变量的延误估算模型[94]。石琴、刘魏娜和黄志鹏基于元胞自动机模型研究了泊位数和到达率对停靠站延误的影响[95]。Furth 和 SanClemente 研究了泊位数、到达率、纵断面线形和信号参数对停靠站延误的影响[96]。此外,交叉口信号参数和停靠站通行能力对停靠站延误也有显著影响。因此,本书将泊位数、到达率、停靠站通行能力、信号参数确定为构建停靠站延误模型要考虑的因素,研究以它们为解释变量的停靠站延误模型。

2.4.2 乘客满意度影响因素分析

乘客出行过程包括从出发点到停靠站、停靠站候车、乘车、从停靠站到目的地。当有换乘时,会重复中间两个过程。乘客出行过程中的每一环节所遇到的状况都会影响乘客满意度。

从出发点到停靠站、停靠站到目的地的环节中,乘客往往采用步行方式完成,步行到站时间及离站时间、人行道宽度及干净程度、沿路拥挤程度等会影响乘客满意度。停靠站候车环节中,等车时间,停靠站处干净程度及拥挤程度,停靠站设施水平如有无座椅、遮挡物、实时到站信息等会影响乘客满意度。乘车环节中,车内时间、车内拥挤度及干净程度、驾驶员态度等会影响乘客满意度。

此外,乘客满意度在很大程度上受乘客个人属性的影响,如性别、年龄、收入、受教育程度、职业、出行目的、使用公交的频率、有无私家车等。

本书考虑到因素的易获得性,在权衡各个环节的影响因素后,选取到站时间、等车时间、停靠站设施水平、车内时间、车内拥挤度,以及乘客个人属性中的性别、年龄、受教育程度、职业、出行目的、有无私家车来研究乘客满意度,研究以它们为拟定解释变量的乘客满意度估计模型。

2.5　本章小结

本章介绍了公交专用道的基本知识;分析了公交专用道服务水平的定义;选取公交专用道延误作为车辆运行服务水平的评价指标,乘客满意度作为乘客感知服务水平的评价指标;分析了构建公交专用道延误与乘客满意度模型时要考虑的因素。

第三章　公交专用道延误估算模型研究

本书以公交车在公交专用道的延误(简称公交专用道延误)作为车辆运行服务水平的评价指标。公交专用道由路段、停靠站、交叉口组成,如图 3-1 所示。公交专用道延误包括公交车在路段的延误、在停靠站的延误、在交叉口的延误。本章以公交车在停靠站的延误为研究重点,分别研究这三类延误。

3.1　研究延误针对的专用道类型

对于普通公交专用道,路边型专用道在我国最为常见。对于快速公交专用道,中央式专用道在国内外得到广泛使用,目前我国已建的快速公交专用道大多为此类专用道。因此,本章针对路边型普通公交专用道和中央式快速公交专用道,展开延误估算模型的研究。路边型普通公交专用道如图 3-1(a)所示,中央式快速公交专用道如图 3-1(b)。

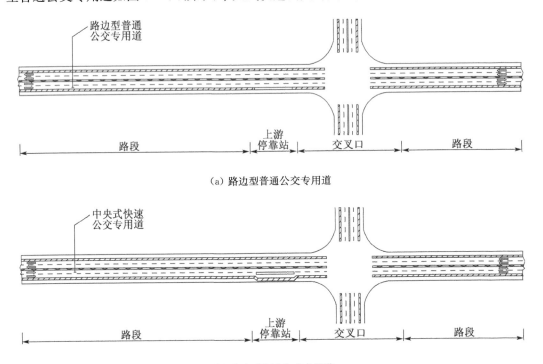

(a) 路边型普通公交专用道

(b) 中央式快速公交专用道

图 3-1　研究延误针对的公交专用道类型

3.2 公交车在停靠站的延误

上游停靠站设置在交叉口的进口道上,公交车在通过交叉口前停靠服务乘客。公交车在上游停靠站的服务受到交叉口的影响,停靠站的串车排队现象在交叉口信号灯的作用下变得更加严重。因此,公交车在上游停靠站的延误是停靠站和交叉口相互影响下的延误,不仅包含了停靠站串车排队现象导致的延误,还包含了交叉口影响下的延误。

首先研究公交车在上游停靠站的延误,然后以此为基础,获得公交车在路中停靠站和下游停靠站的延误。为了方便称呼,下文有时将公交车在停靠站的延误称为停靠站延误。

3.2.1 停靠站延误的分类及定义

在上游停靠站,公交车在进站或出站时,可能被前车或者信号灯阻挡而导致延误产生。公交车理想的停靠过程是:公交专用道路段行驶→减速进站→乘客上下→加速出站→公交专用道路段行驶。当有延误发生时,相应的停靠过程是:公交专用道路段行驶→减速进站→泊位被占而站外排队等待进站→乘客上下→被前车或红灯阻挡而等待前车离去或绿灯→加速出站→公交专用道路段行驶。延误产生于公交车等待进站、等待前车离去和等待绿灯的过程中。为了方便从理论上推导停靠站延误的估算模型,将公交车在停靠站的等待过程分解为以下3种情形,并根据这3种情形对停靠站延误进行分类,进而给出停靠站延误的定义。

情形a:当公交车到达停靠站时,所有泊位被正在服务的车辆占用,以至于它不得不排队等待进站。相应地,等待时间产生。将这种情形下的等待时间称为进站阻挡延误,用D_{jz}表示。

情形b:完成服务的车辆打算出站,但是被前车或红灯阻挡,以至于继续占用泊位。这样就导致站外排队的公交车继续排队等待进站。相应地,使站外排队公交车产生额外的等待时间。将这种情形下的等待时间称为转移进站阻挡延误,用D_{zy}表示。

情形c:公交车完成服务打算出站,但是被前车或红灯阻挡,以至于它不得不等待前车离去或等待绿灯。相应地,使它本身产生额外的等待时间。将这种情形下的等待时间称为出站阻挡延误,用D_{cz}表示。

因此,公交车在停靠站的延误被定义为:公交车由于等待进站、等待前车离去和等待绿灯而在停靠站经历的平均等待时间,等于进站阻挡延误、转移进站阻挡延误和出站阻挡延误之和。其中,进站阻挡延误和转移进站阻挡延误由于等待进站而产生,发生在停靠站外。出站阻挡延误由于等待出站而产生,发生在停靠站内。

3.2.2 排队论中的 $M/M/s$ 模型

正如2.4.1节所述,本书将考虑公交车在停靠站的到达率、停靠站通行能力、泊位数和信号参数来研究停靠站延误的估算模型。排队论,也称随机服务系统理论,是研究排队现象的理论,可预测排队现象的排队时间、排队长度等[97]。预测排队时间时,考虑了顾客在服务台的到达率、服务率和服务台数量。因此,本书将运用排队论,同时考虑交叉口信号灯的影响来研究停靠站延误。

排队论中排队过程的基本模型如图3-2所示,顾客由顾客源出发,到达服务机构前排等待服务,然后接受服务,直到服务完后离开服务系统[97,98]。排队模型由顾客输入过程、服务时间、服务台数量、顾客容量、顾客源中的顾客数及服务规则来描述[99]。

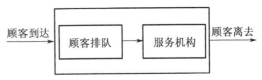

图 3-2 排队过程模型

本书使用排队论中的 $M/M/s/\infty/\infty/FCFS$ 模型(简称 $M/M/s$)来研究停靠站延误的估算模型。$M/M/s$ 如图 3-3 所示,含义是:顾客的到达服从泊松分布,即到达间隔服从负指数分布;服务时间服从负指数分布;有 s 个并联的服务台;顾客容量无限;顾客源无限;顾客按先到先服务的规则接受服务[98]。将该模型应用到停靠站时,"顾客"指"公交车"、"服务台"指"泊位"、"服务"指"服务乘客即乘客上下车"、"服务时间"指"停靠时间"。假定公交车到达停靠站的过程服从泊松分布,服务时间服从负指数分布。

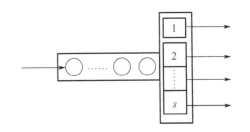

图 3-3 $M/M/s$ 模型

符号含义: s 表示泊位数; λ 表示平均到达率,即单位时间内平均到达停靠站的公交车数量(包括停靠站所有线路的到站公交车); μ 表示单泊位通行能力,即单个泊位单位时间内可通过的完成服务的公交车数量; ρ 和 ρ_s 表示服务强度,$\rho=\lambda/\mu$,$\rho_s=\lambda/(s\mu)$; n 表示停靠站的公交车数量,包括正在服务和站外排队等待的公交车; P_n 表示状态概率,即停靠站有 n 辆公交车的概率; L_q 表示排队长度,即站外排队公交车的数量; $E(L_q)$ 表示平均排队长度; $\sigma(L_q)$ 表示排队长度的标准差; W_q 表示排队时间; $E(W_q)$ 表示平均排队时间; $\sigma(W_q)$ 表示排队时间的标准差; t_r 表示上游停靠站所在交叉口进口道的红灯时间; C 表示交叉口的周期长度。排队论模型研究系统达到平衡状态时的排队长度、排队时间、逗留时间等运行指标。

3.2.3 进站阻挡延误

对于 $M/M/s$ 模型来说,顾客到达时,如果所有服务台被占用,则顾客排队等待。顾客完成服务后,可立即离开服务台。排队现象仅仅发生于所有服务台被占用,显然是被正在服务的顾客占用。该模型所描述的排队现象适合情形 a,即当公交车到达停靠站时,所有泊位被正在服务的车辆占用,以至于它不得不排队等待进站。因此,可用 $M/M/s$ 模型中的平均排队时间估计情形 a 下的进站阻挡延误。对于路边型普通和中央式快速公交专用道的上游停靠站来说,情形 a 是相同的,因此进站阻挡延误的估算公式相同。

3.2.3.1 $M/M/1$ 的平均排队时间

$M/M/1$ 模型的状态转移图如图 3-4 所示。处于平衡状态时,对于每个状态来说,转入率期望值等于转出率期望值[98]。根据这一原则可推导出 P_n、$E(L_q)$ 和 $E(W_q)$ 的表达式。

图 3-4 $M/M/1$ 的状态转移图

状态 0: $\lambda P_0 = \mu P_1$, $\therefore P_1 = \rho P_0$;

状态 1: $\lambda P_1 + \mu P_1 = \lambda P_0 + \mu P_2$, $\therefore P_2 = \rho^2 P_0$;

……

状态 n: $\lambda P_n + \mu P_n = \lambda P_{n-1} + \mu P_{n+1}$, $\therefore P_n = \rho^n P_0$;

……

P_n 满足正则条件 $\sum_{n=0}^{\infty} P_n = 1$,因此, $P_0 = 1 - \rho$, $P_n = (1-\rho)\rho^n$。

$E(L_q) = E(n-1) = \sum_{n=1}^{\infty}(n-1)P_n = \dfrac{\rho^2}{1-\rho}$。

根据李太勒公式 $W_q = \dfrac{L_q}{\lambda}$ 及 $E(L_q)$ 的表达式,可得出 $E(W_q)$ 的表达式,如式(3-1)所示。

$$E(W_q) = \frac{\rho/\mu}{1-\rho} \tag{3-1}$$

3.2.3.2 $M/M/s$ ($s>1$)的平均排队时间

$M/M/s$ ($s>1$)模型的状态转移图如图 3-5 所示。让 $\rho_s = \lambda/(s\mu)$ ($\rho_s < 1$)。同理,根据每个状态的转入率期望值等于转出率期望值,可推导出 P_n、$E(L_q)$ 和 $E(W_q)$ 的表达式[98]。

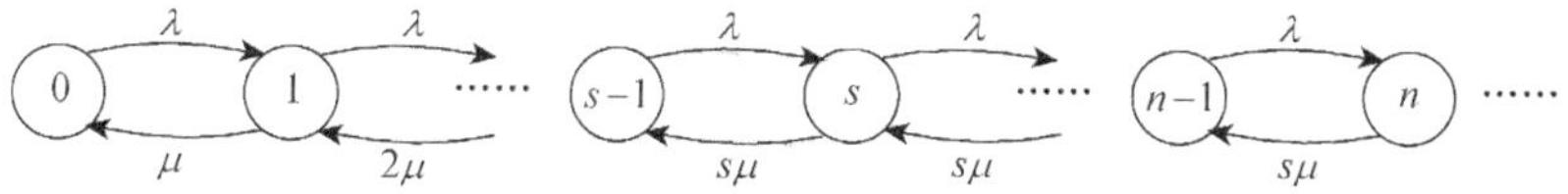

图 3-5 $M/M/s$ ($s>1$)的状态转移图

状态 0: $\lambda P_0 = \mu P_1$;

状态 1: $\lambda P_1 + \mu P_1 = \lambda P_0 + 2\mu P_2$;

……

状态 s: $\lambda P_s + s\mu P_s = \lambda P_{s-1} + s\mu P_{s+1}$;

状态 $s+1$: $\lambda P_{s+1} + s\mu P_{s+1} = \lambda P_s + s\mu P_{s+2}$;

……

通过迭代可得出 P_n 的表达式为:

$$P_n = \begin{cases} \dfrac{\rho^n P_0}{n!}, & n = 0, 1, \cdots, s \\ \dfrac{\rho^n P_0}{s^{n-s} s!}, & n = s+1, s+2, \cdots, \infty \end{cases} \tag{3-2}$$

根据 P_n 的表达式及正则条件,可得出 P_0 的表达式为:

$$P_0 = \left[\sum_{n=0}^{s-1} \frac{\rho^n}{n!} + \frac{\rho^s}{s!(1-\rho_s)}\right]^{-1} \tag{3-3}$$

根据 $E(L_q)$ 的定义及式(3-2),可得出 $E(L_q)$ 的表达式为:

$$E(L_q) = E(n-s) = \sum_{n=s}^{\infty}(n-s)P_n = \frac{P_0 \rho^s \rho_s}{s!(1-\rho_s)^2} \tag{3-4}$$

根据李太勒公式及 $E(L_q)$ 的表达式,可得出 $E(W_q)$ 的表达式,如式(3-5)所示。

$$E(W_q) = \frac{P_0 \rho^s \rho_s}{\lambda s!\,(1-\rho_s)^2} \tag{3-5}$$

3.2.3.3 进站阻挡延误的估算公式

以 $M/M/s$ 模型中的平均排队时间估计进站阻挡延误,因此,综合式(3-1)和式(3-5),即可得到路边型普通和中央式快速公交专用道上游停靠站的进站阻挡延误,如式(3-6)所示。

$$D_{jz} = \begin{cases} \dfrac{P_0 \rho^s \rho_s}{\lambda s!\,(1-\rho_s)^2}, & s>1 \\[2mm] \dfrac{\rho/\mu}{1-\rho}, & s=1 \end{cases} \tag{3-6}$$

3.2.4 转移进站阻挡延误

$M/M/s$ 模型中的排队长度和排队时间是随机变量。标准差可表达随机变量的波动量。让 $\sigma(L_q)$ 表示排队长度的标准差,$\sigma(W_q)$ 表示排队时间的标准差。排队长度和排队时间的波动源于公交车到达情况的变动和停靠时间的变动。"完成服务的车辆打算出站,但是被前车或红灯阻挡,以至于继续占用泊位"这种现象增加了被占泊位的停靠时间,引起停靠时间变动,进而会导致排队长度和排队时间的波动。也就是说,这种现象是导致排队长度和排队时间波动的原因之一。记 θ 为由于这种现象导致的排队时间波动的比率,则 $\theta\sigma(W_q)$ 为由于这种现象导致的排队时间波动量。这种现象会导致站外排队的公交车继续排队,进而产生额外等待时间,则 $\theta\sigma(W_q)$ 即为该额外等待时间。因此,情形 b 下的转移进站阻挡延误等于情形 b 出现的概率 P_b 乘以 $\theta\sigma(W_q)$。

3.2.4.1 排队时间标准差

以 $M/M/s$ $(s>1)$ 模型为例推导排队时间标准差的计算公式。推导的思路为:首先推导排队长度的方差及标准差,然后根据李太勒公式,得到排队时间的标准差。

根据随机变量方差的定义[100],可知排队长度的方差为:

$$\text{Var}(L_q) = E(L_q^2) - E(L_q)^2 \tag{3-7}$$

根据随机变量函数的期望[100],即"对于任意离散型随机变量 X,若 $Y = f(X)$,且 $P(X=x_i) = P_i$,$i=1,2,\cdots,\infty$,则 $E(Y) = \sum\limits_{i=1}^{\infty} f(x_i) P_i$",可得 $E(L_q^2) = \sum\limits_{n=s+1}^{\infty} (n-s)^2 P_n$。将式(3-2)代入到 $E(L_q^2)$ 中,$E(L_q^2)$ 可表达为:

$$\begin{aligned}
E(L_q^2) &= \sum_{n=s+1}^{\infty} (n-s)^2 \frac{\rho^n P_0}{s^{n-s} s!} \\
&= \frac{P_0}{s!} \sum_{n=s+1}^{\infty} (n-s)^2 \frac{\rho^{n-s} \rho^s}{s^{n-s}} \\
&= \frac{P_0 \rho^s}{s!} \sum_{n=s+1}^{\infty} (n-s)^2 \rho_s^{n-s} \\
&= \frac{P_0 \rho^s}{s!} \sum_{n=1}^{\infty} n^2 \rho_s^n \\
&= \frac{P_0 \rho^s \rho_s}{s!} \sum_{n=1}^{\infty} n^2 \rho_s^{n-1}
\end{aligned} \tag{3-8}$$

代数转换后，$\sum_{n=1}^{\infty} n^2 \rho_s^{n-1}$ 可表达为：

$$\sum_{n=1}^{\infty} n^2 \rho_s^{n-1} = \sum_{n=1}^{\infty} n(n+1) \rho_s^{n-1} - \sum_{n=1}^{\infty} n \rho_s^{n-1} \tag{3-9}$$

根据常用的幂级数公式[101]，$\sum_{n=1}^{\infty} n(n+1) \rho_s^{n-1}$ 和 $\sum_{n=1}^{\infty} n \rho_s^{n-1}$ 分别为：

$$\sum_{n=1}^{\infty} n(n+1) \rho_s^{n-1} = \sum_{n=1}^{\infty} (\rho_s^{n+1})'' = \left(\frac{\rho_s^2}{1-\rho_s}\right)'' = \frac{2}{(1-\rho_s)^3} \tag{3-10}$$

$$\sum_{n=1}^{\infty} n \rho_s^{n-1} = \sum_{n=1}^{\infty} (\rho_s^n)' = \left(\frac{\rho_s}{1-\rho_s}\right)' = \frac{1}{(1-\rho_s)^2} \tag{3-11}$$

综合式(3-9)～式(3-11)后得到 $\sum_{n=1}^{\infty} n^2 \rho_s^{n-1}$ 的表达式：

$$\sum_{n=1}^{\infty} n^2 \rho_s^{n-1} = \frac{1+\rho_s}{(1-\rho_s)^3} \tag{3-12}$$

综合式(3-8)和式(3-12)后得到 $E(L_q^2)$ 的表达式：

$$E(L_q^2) = \frac{P_0 \rho^s \rho_s (1+\rho_s)}{s! (1-\rho_s)^3} \tag{3-13}$$

根据式(3-4)、式(3-7)和式(3-13)，得到排队长度的方差 $\mathrm{Var}(L_q) = \frac{P_0 \rho^s \rho_s (1+\rho_s)}{s! (1-\rho_s)^3} - \left(\frac{P_0 \rho^s \rho_s}{s! (1-\rho_s)^2}\right)^2$。因此，排队长度的标准差 $\sigma(L_q) = \sqrt{\frac{P_0 \rho^s \rho_s (1+\rho_s)}{s! (1-\rho_s)^3} - \left(\frac{P_0 \rho^s \rho_s}{s! (1-\rho_s)^2}\right)^2}$。

根据李太勒公式，$\sigma(W_q) = \frac{\sigma(L_q)}{\lambda}$。因此，对于 $M/M/s$ ($s>1$) 模型来说，排队时间标准差 $\sigma(W_q) = \frac{1}{\lambda}\sqrt{\frac{P_0 \rho^s \rho_s (1+\rho_s)}{s! (1-\rho_s)^3} - \left(\frac{P_0 \rho^s \rho_s}{s! (1-\rho_s)^2}\right)^2}$。

采用相同的方法可推导出 $M/M/1$ 模型的排队时间标准差 $\sigma(W_q) = \frac{1}{\lambda}\sqrt{\frac{\rho^2 - 2\rho^4 + \rho^5}{(1-\rho)^3}}$。

因此，$M/M/s$ 模型的排队时间标准差如式(3-14)所示。

$$\sigma(W_q) = \begin{cases} \dfrac{1}{\lambda}\sqrt{\dfrac{P_0 \rho^s \rho_s (1+\rho_s)}{s! (1-\rho_s)^3} - \left(\dfrac{P_0 \rho^s \rho_s}{s! (1-\rho_s)^2}\right)^2}, & s > 1 \\ \dfrac{1}{\lambda}\sqrt{\dfrac{\rho^2 - 2\rho^4 + \rho^5}{(1-\rho)^3}}, & s = 1 \end{cases} \tag{3-14}$$

3.2.4.2 情形 b 出现的概率

(1) 路边型普通公交专用道上游停靠站情形 b 出现的概率

在路边型普通公交专用道的上游停靠站,公交车可利用相邻车道超车,因此,完成服务的车辆不会被前车阻挡,只可能被下游交叉口的红灯阻挡。相应地,情形 b 变为:完成服务的车辆打算出站,但是被红灯阻挡,以至于继续占用泊位,从而导致站外排队的公交车继续排队。

以 t_r 表示上游停靠站所在交叉口进口道的红灯时间,C 表示交叉口的周期长度。完成服务的车辆被红灯阻挡的概率为 $\dfrac{t_r}{C}$。考虑到只有当停靠站公交车数量大于泊位数即有排队车辆时,情形 b 才可能出现。因此,情形 b 出现的概率如式(3-15)所示。

$$P_b = \begin{cases} \dfrac{P_{(n>s)} t_r}{C}, & s > 1 \\ \dfrac{P_{(n>1)} t_r}{C}, & s = 1 \end{cases} \quad (3\text{-}15)$$

(2) 中央式快速公交专用道上游停靠站情形 b 出现的概率

中央式快速公交专用道的停靠站可布设在专用道的右侧即靠近社会车道一侧,也可布设在专用道的左侧即靠近中央分隔带一侧。布设在右侧时,公交车在停靠站无法超车。布设在左侧时,往往会设置隔离栏以与社会车道分隔,公交车也不可超车。因此,公交车在中央式快速公交专用道的停靠站不可以超车。

在中央式快速公交专用道的上游停靠站,完成服务的车辆既可能被前车阻挡,又可能被红灯阻挡。情形 b 仍为:完成服务的车辆打算出站,但是被前车或红灯阻挡,以至于继续占用泊位,从而导致站外排队的公交车继续排队。下面分别推导完成服务的车辆被前车和被红灯阻挡而导致站外排队的公交车继续排队的概率。

对于 $s = 1$ 的停靠站,不存在完成服务的车辆被前车阻挡的现象。对于 $s > 1$ 的停靠站,情形 b 下停靠站的公交车数量大于 s,即所有泊位被占用。此时,公交车在停靠站的服务过程如图 3-6 所示。

图 3-6 $n > s$ 的公交车在停靠站服务过程

如果泊位 2 的公交车先完成服务,则被泊位 1 的公交车阻挡。如果泊位 3 的先完成,则被泊位 2 的阻挡。也就是说,如果泊位 i ($i = 2, 3, \cdots, s$) 的公交车先完成服务,总会出现完成服务的车辆被前车阻挡的现象。当且仅当公交车按占用泊位顺序完成服务时,即泊位 1 的公交车先完成,依次泊位 2 的公交车完成,…,泊位 s 的公交车完成,不会出现该现象。公交车按占用泊位顺序完成服务的概率等于 $\dfrac{1}{s!}$,因此,出现完成服务的车辆被前车阻挡的概率为 $1 - \dfrac{1}{s!}$。相应地,情形 b 中,完成服务的车辆被前车阻挡而导致站外排队的公交车继续排队的概率为 $P_{(n>s)} \left(1 - \dfrac{1}{s!}\right)$。

完成服务的车辆被红灯阻挡的概率亦为 $\dfrac{t_r}{C}$。相应地,情形 b 中,完成服务的车辆被红灯阻挡而导致站外排队的公交车继续排队的概率为 $P_{(n>s)} \dfrac{t_r}{C}$。

将上述两类概率相加即为情形 b 出现的概率，如式（3-16）所示。

$$P_b = \begin{cases} P_{(n>s)}\left(1 - \dfrac{1}{s!} + \dfrac{t_r}{C}\right), & s > 1 \\ \dfrac{P_{(n>1)} t_r}{C}, & s = 1 \end{cases} \tag{3-16}$$

3.2.4.3 转移进站阻挡延误的估算公式

转移进站阻挡延误等于情形 b 出现的概率乘以 $\theta\sigma(W_q)$。因此，根据式（3-14）和式（3-15）得到路边型普通公交专用道上游停靠站的转移进站阻挡延误，如式（3-17）所示。

$$D_{zy} = \begin{cases} \dfrac{\theta P_{(n>s)} t_r}{C\lambda} \sqrt{\dfrac{P_0 \rho_s^s \rho_s (1+\rho_s)}{s!(1-\rho_s)^3} - \left(\dfrac{P_0 \rho_s^s \rho_s}{s!(1-\rho_s)^2}\right)^2}, & s > 1 \\ \dfrac{\theta P_{(n>1)} t_r}{C\lambda} \sqrt{\dfrac{\rho^2 - 2\rho^4 + \rho^5}{(1-\rho)^3}}, & s = 1 \end{cases} \tag{3-17}$$

根据式（3-14）和式（3-16）得到中央式快速公交专用道上游停靠站的转移进站阻挡延误，如式（3-18）所示。

$$D_{zy} = \begin{cases} \dfrac{\theta P_{(n>s)}\left(1 - \dfrac{1}{s!} + \dfrac{t_r}{C}\right)}{\lambda} \sqrt{\dfrac{P_0 \rho_s^s \rho_s (1+\rho_s)}{s!(1-\rho_s)^3} - \left(\dfrac{P_0 \rho_s^s \rho_s}{s!(1-\rho_s)^2}\right)^2}, & s > 1 \\ \dfrac{\theta P_{(n>1)} t_r}{C\lambda} \sqrt{\dfrac{\rho^2 - 2\rho^4 + \rho^5}{(1-\rho)^3}}, & s = 1 \end{cases} \tag{3-18}$$

3.2.5 出站阻挡延误

公交车完成服务而打算出站，但是被前车或红灯阻挡，这种现象使它本身产生额外等待时间，也使站外排队的公交车产生额外等待时间。情形 c 关注前者，而情形 b 关注后者。对于情形 b，已经分析得出由于该现象导致的站外排队公交车的额外等待时间为 $\theta\sigma(W_q)$，则该现象也会使它本身产生相同量的额外等待时间 $\theta\sigma(W_q)$。出站阻挡延误为情形 c 下的额外等待时间。因此，出站阻挡延误等于情形 c 出现的概率 P_c 乘以 $\theta\sigma(W_q)$。

3.2.5.1 情形 c 出现的概率

（1）路边型普通公交专用道情形 c 出现的概率

对于路边型普通公交专用道的上游停靠站，公交车完成服务后，由于可超车，不会被前车阻挡，只可能被下游交叉口的红灯阻挡，且被阻挡概率为 $\dfrac{t_r}{C}$。考虑到只有当停靠站的公交车数量大于零时，情形 c 才可能出现。公交车数量大于零的概率 $P_{(n>0)} = 1 - P_0$。因此，情形 c 出现的概率 P_c 如式（3-19）所示。

$$P_c = \begin{cases} \dfrac{(1-P_0)t_r}{C}, & s>1 \\ \dfrac{(1-P_0)t_r}{C}, & s=1 \end{cases} \tag{3-19}$$

（2）中央式快速公交专用道情形 c 出现的概率

对于中央式快速公交专用道的上游停靠站，公交车完成服务后，由于不可超车，既可能被前车阻挡，也可能被红灯阻挡。

对于 $s=1$ 的停靠站，不存在公交车完成服务而被前车阻挡的现象。对于 $s>1$ 的停靠站，当且仅当公交车按占用泊位顺序完成服务时，不会出现公交车完成服务而被前车阻挡这种现象。当 $n=1$ 时，不会出现该现象；当 $n=2$ 时，公交车按占用泊位顺序完成服务的概率为 $\dfrac{1}{2!}$，因此，出现该现象的概率为 $1-\dfrac{1}{2!}$；当 $n=3$ 时，公交车按占用泊位顺序完成服务的概率为 $\dfrac{1}{3!}$，因此，出现该现象的概率为 $1-\dfrac{1}{3!}$；以此类推，当 $n=s$ 时，出现该现象的概率为 $1-\dfrac{1}{s!}$；当 $n>s$ 时，出现该现象的概率仍为 $1-\dfrac{1}{s!}$。因此，情形 c 中，公交车完成服务而被前车阻挡的概率为 $P_2\times\left(1-\dfrac{1}{2!}\right)+P_3\times\left(1-\dfrac{1}{3!}\right)+\cdots+P_s\times\left(1-\dfrac{1}{s!}\right)+P_{(n>s)}\times\left(1-\dfrac{1}{s!}\right)$，即 $\sum_{n=2}^{s}\dfrac{P_n(n!-1)}{n!}+\dfrac{P_{(n>s)}(s!-1)}{s!}$。

情形 c 中公交车完成服务而被红灯阻挡的概率亦为 $\dfrac{(1-P_0)t_r}{C}$。

将上述两类概率相加即为情形 c 出现的概率 P_c，如式（3-20）所示。

$$P_c = \begin{cases} \displaystyle\sum_{n=2}^{s}\dfrac{P_n(n!-1)}{n!}+\dfrac{P_{(n>s)}(s!-1)}{s!}+\dfrac{(1-P_0)t_r}{C}, & s>1 \\ \dfrac{(1-P_0)t_r}{C}, & s=1 \end{cases} \tag{3-20}$$

3.2.5.2 出站阻挡延误的估算公式

出站阻挡延误等于情形 c 出现的概率乘以 $\theta\sigma(W_q)$。因此，根据式（3-14）和式（3-19）得到路边型普通公交专用道上游停靠站的出站阻挡延误，如式（3-21）所示。

$$D_{cz} = \begin{cases} \dfrac{\theta(1-P_0)t_r}{C\lambda}\sqrt{\dfrac{P_0\rho^s\rho_s(1+\rho_s)}{s!\,(1-\rho_s)^3}-\left(\dfrac{P_0\rho^s\rho_s}{s!\,(1-\rho_s)^2}\right)^2}, & s>1 \\ \dfrac{\theta(1-P_0)t_r}{C\lambda}\sqrt{\dfrac{\rho^2-2\rho^4+\rho^5}{(1-\rho)^3}}, & s=1 \end{cases} \tag{3-21}$$

根据式（3-14）和式（3-20）得到中央式快速公交专用道上游停靠站的出站阻挡延误，如式（3-22）所示。

$$D_{cz} = \begin{cases} \dfrac{\theta\left[\sum\limits_{n=2}^{s}\dfrac{P_n(n!-1)}{n!} + \dfrac{P_{(n>s)}(s!-1)}{s!} + \dfrac{(1-P_0)t_r}{C}\right]}{\lambda}\sqrt{\dfrac{P_0\rho^s\rho_s(1+\rho_s)}{s!(1-\rho_s)^3} - \left(\dfrac{P_0\rho^s\rho_s}{s!(1-\rho_s)^2}\right)^2}, \\ \hspace{10cm} s>1 \\ \dfrac{\theta(1-P_0)t_r}{C\lambda}\sqrt{\dfrac{\rho^2-2\rho^4+\rho^5}{(1-\rho)^3}}, \hspace{3cm} s=1 \end{cases}$$

(3-22)

3.2.6 停靠站延误的估算模型

本书将公交车在停靠站的延误定义为公交车由于等待进站、等待前车离去和等待绿灯而在停靠站经历的平均等待时间,等于进站阻挡延误、转移进站阻挡延误和出站阻挡延误之和。因此,将式(3-6)、式(3-17)和式(3-21)相加,得到路边型普通公交专用道上游停靠站的延误估算模型,如式(3-23)所示。

$$D_n = \begin{cases} \dfrac{P_0\rho^s\rho_s}{\lambda s!(1-\rho_s)^2} + \dfrac{\theta(P_{(n>s)}+1-P_0)t_r}{C\lambda}\sqrt{\dfrac{P_0\rho^s\rho_s(1+\rho_s)}{s!(1-\rho_s)^3} - \left(\dfrac{P_0\rho^s\rho_s}{s!(1-\rho_s)^2}\right)^2}, & s>1 \\ \dfrac{\rho/\mu}{1-\rho} + \dfrac{\theta(P_{(n>1)}+1-P_0)t_r}{C\lambda}\sqrt{\dfrac{\rho^2-2\rho^4+\rho^5}{(1-\rho)^3}}, & s=1 \end{cases}$$

(3-23)

将式(3-6)、式(3-18)和式(3-22)相加,得到中央式快速公交专用道上游停靠站的延误估算模型,如式(3-24)所示。

$$D_n =$$
$$\begin{cases} \dfrac{P_0\rho^s\rho_s}{\lambda s!(1-\rho_s)^2} + \dfrac{\theta\left[P_{(n>s)}\left(1-\dfrac{1}{s!}+\dfrac{t_r}{C}\right) + \sum\limits_{n=2}^{s}\dfrac{P_n(n!-1)}{n!} + \dfrac{P_{(n>s)}(s!-1)}{s!} + \dfrac{(1-P_0)t_r}{C}\right]}{\lambda} \\ \times \sqrt{\dfrac{P_0\rho^s\rho_s(1+\rho_s)}{s!(1-\rho_s)^3} - \left(\dfrac{P_0\rho^s\rho_s}{s!(1-\rho_s)^2}\right)^2}, \\ \hspace{11cm} s>1 \\ \dfrac{\rho/\mu}{1-\rho} + \dfrac{\theta(P_{(n>1)}+1-P_0)t_r}{C\lambda}\sqrt{\dfrac{\rho^2-2\rho^4+\rho^5}{(1-\rho)^3}}, \hspace{2cm} s=1 \end{cases}$$

(3-24)

式中,D_n 表示公交车在上游停靠站的延误;λ 表示平均到达率;μ 表示单泊位通行能力;s 表示泊位数;ρ 和 ρ_s 表示服务强度,$\rho=\lambda/\mu$ $(\rho<1)$,$\rho_s=\lambda/(s\mu)$ $(\rho_s<1)$;t_r 表示所在进口道的红灯时间,C 表示交叉口的周期长度;n 表示停靠站公交车的数量;P_n 表示停靠站有 n 辆公交车的概率,如式(3-2)所示;P_0 表示停靠站没有公交车的概率,对于 $s=1$ 来说,$P_0=1-\rho$,对于 $s>1$ 来说,如式(3-3)所示:

$$P_{(n>1)} = \rho^2, \ P_{(n>s)} = 1 - \sum_{n=0}^{s} \frac{\rho^n P_0}{n!};$$

θ 表示由于公交车完成服务而被前车或红灯阻挡导致站外排队公交车排队时间波动的比率,取值需根据调查数据估计。应用本书建立的模型预测停靠站延误时,首先要估计参数 θ,然后再进行延误预测。

运用排队论,并结合随机变量函数及幂级数等相关知识建立了公交车在上游停靠站的延误估算模型。事实上,公交车在路中停靠站和下游停靠站的延误估算模型可通过上游停靠站的模型变换而来。路中停靠站和上游停靠站相比,公交车完成服务后不受信号灯的影响,因此,去掉式(3-23)和式(3-24)中包含 $\frac{t_r}{C}$ 的项,即为公交车在路中停靠站的延误。对于下游停靠站,公交车完成服务后亦不受信号灯的影响,而是在进站前受信号灯的影响,这种影响通过公交车的到达率得以体现。按照本书的建模思路,去掉式(3-23)和式(3-24)中包含 $\frac{t_r}{C}$ 的项,亦为公交车在下游停靠站的延误。因此,路边型普通公交专用道路中停靠站和下游停靠站的延误估算模型如式(3-25)所示,中央式快速公交专用道路中停靠站和下游停靠站的延误估算模型如式(3-26)所示。

$$D_m(D_f) = \begin{cases} \dfrac{P_0 \rho^s \rho_s}{\lambda s! (1-\rho_s)^2}, & s > 1 \\ \dfrac{\rho/\mu}{1-\rho}, & s = 1 \end{cases} \tag{3-25}$$

$$D_m(D_f) = \begin{cases} \dfrac{P_0 \rho^s \rho_s}{\lambda s! (1-\rho_s)^2} + \dfrac{\theta \left[P_{(n>s)}\left(1-\dfrac{1}{s!}\right) + \sum_{n=2}^{s} \dfrac{P_n(n!-1)}{n!} + \dfrac{P_{(n>s)}(s!-1)}{s!} \right]}{\lambda} \\ \quad \times \sqrt{\dfrac{P_0 \rho^s \rho_s(1+\rho_s)}{s! (1-\rho_s)^3} - \left(\dfrac{P_0 \rho^s \rho_s}{s! (1-\rho_s)^2}\right)^2}, & s > 1 \\ \dfrac{\rho/\mu}{1-\rho}, & s = 1 \end{cases} \tag{3-26}$$

式中,D_m 表示公交车在路中停靠站的延误;D_f 表示公交车在下游停靠站的延误。

3.2.7 单泊位通行能力

停靠站延误估算模型中,参数 μ 表示停靠站单泊位通行能力,即单个泊位单位时间内平均通过的完成服务的公交车数量。μ 可通过停靠时间来计算,即等于停靠时间的倒数,其中,停靠时间是指公交车从开始减速到离开停靠站所花费的时间。μ 也可根据现有的停靠站通行能力的计算公式进行计算。

式(3-27)为停靠站单泊位通行能力的计算公式[84],它对 TCQSM 中单泊位通行能力的计算方法进行了一定的改进。

第三章　公交专用道延误估算模型研究

$$\mu = \frac{3\,600(g/C)}{t_a + (g/C)(t_b + t_0) + t_c + (k_1 + k_2 c_a^r)c_v(t_b + t_0)Z_a} \tag{3-27}$$

式中，μ 表示停靠站单泊位通行能力(辆/h)；t_a 表示公交车减速进站时间(s)；t_b 表示完成上下客时间(s)；t_0 表示开关门时间(s)；t_c 表示公交车加速出站时间(s)；k_1、k_2、r 为系数，其中 $k_1 = 0.989$，$k_2 = 0.254$，$r = 1.586$；c_a 表示到达间隔波动系数，等于到达间隔的标准差与均值的比值；c_v 表示完成上下客时间的波动系数，等于其标准差与均值的比值；Z_a 表示标准正态分布对应停靠位停靠失败率为 a 的上分位数；g/C 表示绿信比。

$(k_1 + k_2 c_a^r)c_v(t_b + t_0)Z_a$ 为运营裕量，是指停靠时间在受到停靠站运营稳定性影响时能够超过平均值的最大时间，它反映了到达间隔波动、停靠时间波动和设计停靠失败率对通行能力的影响。

单泊位通行能力的计算依赖于公交车减速进站时间、加速出站时间、完成上下客时间、开关门时间等。对于开关门时间，TCQSM 的建议值为 2 s~5 s[20]，国内学者吴叶和徐大刚建议取为 1 s~3 s[102]，刘志谦建议取为 2.5 s~4.5 s[103]。下面分别介绍减速进站时间、加速出站时间和完成上下客时间的计算方法。

1) 减速进站时间

减速进站时间是指公交车从开始减速到进站停稳所花费的时间，主要受车辆减速性能与停靠站形式的影响。对于直线式停靠站和港湾式停靠站，公交车的运行轨迹不同，行驶距离不同，从而造成减速进站的时间也不同。

直线式停靠站的减速进站距离通常取为公交车长度，因此，减速进站时间 $t_a = \sqrt{2l/a}$，其中，l 表示公交车长度；a 表示公交车的减速度，一般取为 $1.5\ \text{m/s}^2$。

港湾式停靠站的减速进站距离等于公交车转弯距离加公交车长度，因此，减速进站时间 $t_a = \sqrt{2(l_a + l)/a}$，其中，$l$ 和 a 同上，l_a 表示港湾式停靠站的公交车转弯距离。$l_a = \sqrt{R^2 - [R - w - (d-w)/2]^2}$，其中，$R$ 表示公交车转弯进站半径，对于 12 m 公交车，R 取为 15 m；w 表示公交车车身宽度，可取为 2.5 m；d 表示车道宽度，可取为 3.5 m[84]。

2) 加速出站时间

加速出站时间是指公交车完成服务后，从开始启动到离开停靠站所花费的时间，包括公交车启动时间和出站行驶时间。公交车启动时间通常取为 2 s~5 s[20]。出站行驶时间的计算方法与减速进站时间的相同，只需将减速进站时间计算公式中的减速度改为加速度，加速度通常取为 $1.0\ \text{m/s}^2$。

3) 完成上下客时间

公交车完成上下客时间和上下车乘客数、车型、上下客方式（有专门的上下车门还是各车门同时上下）、售票方式、车内拥挤度及停靠站干扰程度等有关[104-106]。完成上下客时间等于单位乘客上下车时间与上下车乘客数的乘积。售票方式、车内拥挤度和停靠站干扰程度通过影响单位乘客上下车时间而影响完成上下客时间。对于单位乘客上下车时间，TCQSM 针对不同车门数、售票方式和登车方式给出了建议值。我国学者也做了一定的研究，并给出了平均乘客上下车时间的建议值。

完成上下客时间的计算方法根据上下客方式的不同分为两类。上下客方式为前门上车、后门下车时，完成上下客时间等于下车时间和上车时间中的较大值，如式(3-28)所示。

上下客方式为各车门同时上下时,完成上下客时间等于最繁忙车门的下车时间与上车时间之和,如式(3-29)所示。

$$t_b = \max(n_x t_x, n_s t_s) \tag{3-28}$$

式中,t_b 表示完成上下客时间;n_x 表示后门下车乘客数;t_x 表示单位乘客平均下车时间;n_s 表示前门上车乘客数;t_s 表示单位乘客平均上车时间。

$$t_b = n'_x t'_x + n'_s t'_s \tag{3-29}$$

式中,n'_x 表示最繁忙车门的下车乘客数;t'_x 表示最繁忙车门的单位乘客平均下车时间;n'_s 表示最繁忙车门的上车乘客数;t'_s 表示最繁忙车门的单位乘客平均上车时间。

普通公交专用道的上下客方式通常为前门上车、后门下车,因此,按照式(3-28)来计算完成上下客时间。吴叶和徐大刚对上海5个停靠站实地观测后发现[102],我国单位乘客平均下车时间为1.21 s,单位乘客平均上车时间为2.26 s,第四章的公交专用道仿真中将该成果作为普通公交专用道的单位乘客上下车时间。

快速公交专用道的上下客方式通常为各车门同时上下,因此,按照式(3-29)来计算完成上下客时间。快速公交车通常有4个门,乘客水平登车,且车外售票,根据这些特点,查阅TCQSM中关于单位乘客上下车时间的建议值,将快速公交专用道的单位乘客下车时间取为0.935 s(前门)和0.525 s(后门),单位乘客上车时间取为0.72 s[20],第四章的公交专用道仿真中按此来设定快速公交专用道的单位乘客上下车时间。

3.2.8 参数估计及模型验证

本书建立的停靠站延误估算模型含有一个未知参数 θ,它的取值需根据实地调查数据进行估计。本书通过理论推导建立了停靠站延误估算模型,模型的准确性需根据实地调查数据进行验证。因此,进行了公交专用道停靠站实地调查,以对参数进行估计、模型进行验证。参数估计是指根据实际延误和解释变量反推参数 θ 的值。模型验证是指比较实际延误和模型预测延误,模型预测延误根据解释变量和参数 θ 计算得到。

3.2.8.1 停靠站实地调查目的

停靠站实地调查的目的有两方面:一方面是调查实际延误;另一方面是调查模型中的解释变量包括到达率、停靠时间、泊位数及信号参数。延误调查和理论建模是独立的,为了方便从理论上推导延误的估算模型,将公交车在停靠站的等待过程抽象为3种情形。但在开展调查时,无需根据这3种情形设计调查方案或者试图分别调查这3种情形下的延误,而是要根据延误的定义设计调查方案,并尽可能地调查实际的延误,以和模型预测的延误进行对比。

3.2.8.2 停靠站实地调查方案与数据处理方法

停靠站延误被定义为公交车由于等待进站、等待前车离去和等待绿灯而在停靠站经历的平均等待时间。调查延误即要调查等待进站、等待前车离去和等待绿灯的等待时间。到达率是指单位时间内到达停靠站的公交车数量,因此,要记录每一辆到达停靠站的公交车以计算到达率。单泊位通行能力可通过停靠时间进行计算,也可根据现有的通行能力计算方法进行计算。考虑到实地调查可记录每辆车的实际停靠时间,因此,通过停靠时间来计算单泊位通行能力。停靠时间指公交车从开始减速到离开停靠站所花费的时间,减速进站时间和加速出站时间包含在停靠时间内。减速进站时间和加速出站时间为处于某范围的定值,为了简化调查,对其单独调查。将实地调查分为主调查和辅助调查。主调查为:记录调查时段内每辆到站公交车的停在站外时刻 t_1、停在车位时刻 t_2、完成上下客时刻 t_3、开始启动离站时刻 t_4。辅助调查为:观测数十辆车的减速进站时间和加速出站时间,计算它们的均值作为本次调查的减速进站时间 t_a 和加速出站时间 t_c;观测数十辆车的行驶站区长度所用时间,计算它们的均值作为本次调查的行驶站区长度所用时间 t_5。辅助调查在主调查结束后或开始前进行。需要说明的是:t_5 实际上是指公交车从站外排队位置行驶到站内停车位置所用的时间,站外排队位置到站内停车位置的距离对于不同车而略有不同,本书统一将其取为站区长度,相应地,t_5 便为行驶站区长度所用的时间。

完成上下客时刻由于驾驶习惯的差异而不统一,在此对其作统一规定以减小不必要的误差。公交车在完成上下客后,如果不被阻挡,则驾驶员立即关车门并开始启动离站。此时,完成上下客时刻为开始关车门时刻。公交车完成上下客后,如果被阻挡,有些驾驶员会立即关车门,有些驾驶员不会立即关车门,而是在开始启动前关车门,因为在等待过程中可能还会有乘客登车。此时,完成上下客时刻不再是开始关车门时刻。因此,统一将不再有乘客连续上下时刻作为完成上下客时刻。

参数估计和模型验证所需的实际延误、到达率、单泊位通行能力根据主调查和辅助调查数据计算得到。首先计算每辆车的实际延误和停靠时间。每辆车的实际延误 $D_s = (t_2 - t_1 - t_5) + (t_4 - t_3)$,其中,$t_2 - t_1 - t_5$ 为等待进站时间,$t_4 - t_3$ 为等待前车离去和等待绿灯时间;每辆车的停靠时间 $T = t_a + (t_4 - t_1) + t_c$。然后将 10 min 作为一个计算单位(以 t_2 为准),计算平均实际延误、到达率、单泊位通行能力。计算 10 min 内所有到达车辆的实际延误的均值即为平均实际延误 $\bar{D}_s$;统计 10 min 内到达的公交车数量 n_0,则到达率 $\lambda = 6 \times n_0$;计算 10 min 内所有到达车辆的停靠时间的均值即为平均停靠时间 $\bar{T}$,则单泊位通行能力 $\mu = 3\,600/\bar{T}$。计算出调查时段内所有计算单位的平均实际延误、到达率和单泊位通行能力后,即可进行参数估计和模型验证。

3.2.8.3 停靠站实地调查的实施

本书选取南京和常州的 4 个公交专用道停靠站进行实地调查,普通公交专用道和快速公交专用道各占 2 个。表 3-1 显示了所选停靠站的基本参数信息。调查于 2013 年 4 月 11 日(9:00~15:00)和 4 月 12 日(9:00~18:00)实施。有 2 名调查员参与调查,1 个停靠站的调查由 1 名调查员负责。

表 3-1 实地调查所选停靠站的基本参数

停靠站编号	停靠站类型	泊位数	所在进口道红灯时间(s)	交叉口周期长度(s)
1	路边型普通公交专用道路中停靠站	1	—	—
2	路边型普通公交专用道路中停靠站	1	—	—
3	中央式快速公交专用道上游停靠站	2	147	209
4	中央式快速公交专用道上游停靠站	2	102	150

3.2.8.4 参数估计

本书建立了路边型普通公交专用道上游停靠站、路中停靠站、下游停靠站的延误估算模型，中央式快速公交专用道上游停靠站、路中停靠站、下游停靠站的延误估算模型。由于建模思路的一致性，仅以路边型普通公交专用道路中停靠站和中央式快速公交专用道上游停靠站的延误估算模型为例进行参数估计和模型验证，即对式(3-25)和式(3-24)进行参数估计和模型验证。

参数估计即根据实际延误和实际的解释变量取值对模型中的未知参数 θ 进行估计。θ 表示由于公交车完成服务而被前车或红灯阻挡导致站外排队公交车排队时间波动的比率。对于路边型普通公交专用道路中停靠站，由于不存在公交车被前车或红灯阻挡的现象，模型中未含有参数 θ。因此，仅对中央式快速公交专用道上游停靠站的延误估算模型即式(3-24)进行参数估计。

本书采用最小二乘法进行参数估计，θ 的值指定为 0~1，以 0.001 为步长变化，参数估计的 MATLAB 代码见附录 A。式(3-24)的参数估计采用 3 号停靠站的 33 组数据进行，每组数据包括到达率、单泊位通行能力、泊位数、红灯时间和周期长度和对应的实际延误。根据最小二乘法和所用数据，θ 的估计值为 0.467。说明对于所选停靠站的延误，0.467 可产生最小的误差。也说明由于公交车完成服务而被前车或红灯阻挡导致站外公交车排队时间波动的比率为 0.467，这符合实际情况。3 号停靠站的红灯时间与周期长度的比值为 0.7，从理论上讲公交车服务完被红灯阻挡的概率达 70%。实地调查显示被红灯阻挡的概率高于该值，因为被红灯阻挡会进一步导致被前车阻挡，而被前车阻挡也会引发被红灯阻挡。被红灯阻挡和被前车阻挡相互作用，从而使得由于该现象导致的排队时间波动比率较高。

3.2.8.5 模型验证

模型验证即比较实际延误与模型预测延误以评价模型的准确性。对于路边型普通公交专用道路中停靠站，将解释变量取值代入到式(3-25)中即可计算出预测延误。对于中央式快速公交专用道上游停靠站，将解释变量取值和 θ 值(0.467)代入到式(3-24)中即可计算出预测延误。模型验证的 MATLAB 代码见附录 B 和附录 C。

采用两种方式比较实际延误与模型预测延误，首先对实际延误和预测延误进行 T 检验，从统计上分析二者有无显著差异；然后将实际延误和预测延误作差，计算相对误差率。相对误差率是指实际延误和预测延误的差与实际延误的比值。

路边型普通公交专用道路中停靠站的延误估算模型式(3-25)的验证采用 1 号停靠站和 2 号停靠站的 30 组数据。实际延误和预测延误的 T 检验结果如表 3-2 所示，从表中可见，实际延误和预测延误没有显著差异，说明从统计角度讲，式(3-25)可用于该类停靠站延误的预测。验证所用数据的到达率、单泊位通行能力、实际延误、预测延误和相对误差率如表 3-3 所示。将每组数据的相对误差率绝对值求均值后，得到模型的平均相对误差率为 31.71%，即式(3-25)的准确率为 68.29%。

表 3-2 路中停靠站延误估算模型的 T 检验结果

	均值	标准差	t	自由度	Sig.(双侧)
实际延误(s)	5.95	2.96	−1.148	29	0.246
预测延误(s)	6.39	3.48			

表 3-3 路中停靠站延误估算模型的相对误差率

编号	到达率（辆/h）	单泊位通行能力（辆/h）	实际延误（s）	预测延误（s）	相对误差率（%）	编号	到达率（辆/h）	单泊位通行能力（辆/h）	实际延误（s）	预测延误（s）	相对误差率（%）
1	48	157	8.75	10.17	−16.26	16	30	173	4.15	4.36	−5.09
2	36	161	4.33	6.42	−48.20	17	30	178	2.20	4.11	−86.86
3	66	157	12.64	16.77	−32.71	18	60	175	11.90	10.80	9.21
4	42	152	7.15	9.07	−26.86	19	24	135	8.00	5.77	27.93
5	36	142	6.50	8.65	−33.05	20	12	126	2.10	2.99	−42.46
6	18	144	4.33	3.57	17.58	21	60	179	6.50	10.21	−57.08
7	30	131	6.20	8.18	−31.87	22	54	179	5.44	8.72	−60.18
8	42	135	12.00	12.14	−1.13	23	30	206	2.40	2.99	−24.49
9	42	178	9.43	6.25	33.76	24	30	176	5.00	4.22	15.53
10	36	174	4.33	5.38	−24.24	25	42	189	4.43	5.41	−22.19
11	30	183	7.60	3.85	49.28	26	30	225	4.80	2.46	48.72
12	48	158	8.00	9.91	−23.82	27	18	185	4.33	2.11	51.39
13	36	164	8.33	6.21	25.54	28	42	184	5.43	5.81	−7.04
14	12	144	1.50	2.27	−51.52	29	30	196	3.20	3.31	−3.31
15	54	195	4.56	7.11	−55.98	30	24	200	3.00	2.45	18.18

中央式快速公交专用道上游停靠站的延误估算模型式(3-24)的验证采用 4 号停靠站的 34 组数据。实际延误和预测延误的 T 检验结果如表 3-4 所示，从表中可见，实际延误和预测延误没有显著差异，说明从统计角度讲，式(3-24)可用于该类停靠站延误的预测。验证所用数据的到达率、单泊位通行能力、实际延误、预测延误和相对误差率如表 3-5 所示。将每组数据的相对误差率绝对值求均值后，得到模型的平均相对误差率为 18.68%，即式(3-24)的准确率为 81.32%。

表 3-4 上游停靠站延误估算模型的 T 检验结果

	均值	标准差	t	自由度	Sig.（双侧）
实际延误（s）	15.91	10.8	1.794	33	0.082
预测延误（s）	14.99	11.62			

表 3-5 上游停靠站延误估算模型的相对误差率

编号	到达率 (辆/h)	单泊位通行能力 (辆/h)	实际延误 (s)	预测延误 (s)	相对误差率 (%)	编号	到达率 (辆/h)	单泊位通行能力 (辆/h)	实际延误 (s)	预测延误 (s)	相对误差率 (%)
1	54	84	12.33	10.56	14.34	18	30	74	5.47	4.54	17.03
2	24	89	2.67	1.81	32.13	19	36	73	6.17	6.74	−9.30
3	42	80	6.77	7.19	−6.14	20	64	85	14.71	14.36	2.39
4	36	79	7.33	5.39	26.53	21	30	90	4.65	2.61	43.88
5	68	70	35.34	32.99	6.65	22	36	50	18.67	22.37	−19.83
6	48	50	40.38	44.78	−10.89	23	30	85	4.47	3.10	30.56
7	54	60	34.29	31.63	7.74	24	56	79	14.23	13.76	3.34
8	53	60	26.10	30.19	−15.68	25	64	83	15.12	15.79	−4.44
9	66	70	34.40	30.52	11.28	26	28	81	4.33	3.15	27.25
10	20	93	1.00	1.14	−14.11	27	36	56	19.10	15.55	18.57
11	50	78	15.68	11.29	28.02	28	48	71	10.06	13.95	−38.66
12	72	68	35.50	42.92	−20.90	29	53	71	14.90	16.76	−12.50
13	30	78	5.14	3.91	23.90	30	48	65	20.88	18.08	13.40
14	45	78	10.02	8.78	12.37	31	32	72	8.05	5.67	29.62
15	68	76	26.25	24.61	6.25	32	48	61	27.38	22.65	17.26
16	56	83	15.60	11.51	26.20	33	36	65	15.78	9.93	37.06
17	38	70	13.08	8.66	33.77	34	30	52	15.00	13.05	12.98

3.3 公交车在路段的延误

公交专用道的路段是指公交专用道上不包括停靠站和交叉口在内的,相邻两个停靠站之间的、相邻两个交叉口之间的、或者相邻的交叉口和停靠站之间的部分,如图 3-7 所示。

图 3-7 公交专用道路段示意图

对于路边型普通和中央式快速公交专用道,公交车在其路段的延误为:

$$D_l = \frac{L}{v} - \frac{L}{v_0} \tag{3-30}$$

式中，D_l 表示公交车在路段的延误；L 表示路段的长度；v 表示路段上公交车的行驶速度；v_0 表示公交专用道所在城市道路的设计车速，根据道路等级查表 3-6 确定。

表 3-6　各级城市道路设计车速[107]

道路等级	快速路			主干路			次干路			支路		
	Ⅰ	Ⅱ	Ⅲ	Ⅰ	Ⅱ	Ⅲ	Ⅰ	Ⅱ	Ⅲ	Ⅰ	Ⅱ	Ⅲ
设计速度(km/h)	100	80	60	60	50	40	50	40	30	40	30	20

3.4　公交车在交叉口的延误

Zheng 等提出了车辆在交叉口延误的计算方法及延误的概率密度函数[108]，应用该研究成果分析公交车在交叉口的延误。Zheng 等提出的延误计算方法为：

$$D_j(t) = \begin{cases} t_r + \dfrac{q_0+1}{c_0} - t\left(1 - \dfrac{q}{c_0}\right), & t < \dfrac{t_r + (q_0+1)/c_0}{1 - q/c_0} \\ 0, & t > \dfrac{t_r + (q_0+1)/c_0}{1 - q/c_0} \end{cases} \tag{3-31}$$

式中，$D_j(t)$ 表示 t 时刻到达车辆的延误，将红灯开始时间记为 0；t_r 表示交叉口红灯时间；q_0 表示车辆所在进口道的初始排队车辆数；c_0 表示车辆所在进口道的通行能力；q 表示车辆所在进口道的到达率。

通过分析 $D_j(t)$，Zheng 等提出了延误的概率密度函数：

$$f(d) = \alpha\delta(d) + \beta \left(0 \leqslant d \leqslant t_r + \frac{q_0+1}{c_0}\right) \tag{3-32}$$

式中，$f(d)$ 表示车辆在交叉口延误的概率密度函数；$\alpha = 1 - \dfrac{t_r + (q_0+1)/c_0}{C(1-q/c_0)}$；$\beta = \dfrac{1}{C(1-q/c_0)}$；$C$ 表示周期长度；$\delta(d)$ 为狄拉克 δ 函数（Dirac delta function），具有性质：

$$\delta(d) = \begin{cases} +\infty, & d = 0 \\ 0, & d \neq 0 \end{cases}, \quad \int_{-\infty}^{+\infty} g(d)\delta(d)\mathrm{d}d = g(0)。$$

公交车在交叉口的延误为连续型随机变量，本书关注公交车在交叉口的平均延误，可应用 Zheng 等的研究成果得到平均延误。延误的概率密度函数如式（3-32）所示，则平均延误（延误的数学期望）为：

$$\begin{aligned}
D_j &= \int_{-\infty}^{+\infty} d f(d) \mathrm{d}d \\
&= \int_{-\infty}^{+\infty} d[\alpha \delta(d) + \beta] \mathrm{d}d \\
&= \alpha \int_{-\infty}^{+\infty} d \delta(d) d_d + \beta \int_{0}^{t_r + \frac{q_0+1}{c}} d \mathrm{d}d \\
&= \alpha \times 0 + \beta \times \frac{[t_r + (q_0+1)/c]^2}{2} \\
&= \frac{[t_r + (q_0+1)/c]^2}{2C(1-q/c)}
\end{aligned} \qquad (3-33)$$

因此,对于路边型普通和中央式快速公交专用道,公交车在其交叉口的延误为:

$$D_j = \frac{[t_r + (q_0+1)/c_0]^2}{2C(1-q/c_0)} \qquad (3-34)$$

式中,D_j 表示公交车在交叉口的延误;其他变量的含义同上,只是车辆特指公交车。

3.5 公交专用道延误的估算模型

公交专用道由路段、停靠站、交叉口组成,公交专用道延误包括公交车在路段的延误、在停靠站的延误以及在交叉口的延误。将公交车在公交专用道沿线所有路段的延误、所有停靠站的延误以及所有交叉口的延误相加,即得到公交专用道延误。需要强调的是,公交车在上游停靠站的延误已将交叉口影响下的延误考虑在内,因此,计算公交车在交叉口的延误时,仅需考虑无上游停靠站的交叉口。

对于路边型普通和中央式快速公交专用道,公交专用道延误的估算模型如式(3-35)所示:

$$D = \sum_{i=1}^{n_1} D_{li} + \sum_{i=1}^{n_2} D_{mi} + \sum_{i=1}^{n_3} D_{ni} + \sum_{i=1}^{n_4} D_{fi} + \sum_{i=1}^{n_5-n_3} D_{ji} \qquad (3-35)$$

式中,D 表示公交专用道延误;D_{li} 表示公交车在第 i 条路段的延误,两类专用道的路段延误计算方法相同,如式(3-30)所示;D_{mi} 表示公交车在第 i 个路中停靠站的延误,对于路边型普通公交专用道,如式(3-25)所示,对于中央式快速公交专用道,如式(3-26)所示;D_{ni} 表示公交车在第 i 个上游停靠站的延误,对于路边型普通公交专用道,如式(3-23)所示,对于中央式快速公交专用道,如式(3-24)所示;D_{fi} 表示公交车在第 i 个下游停靠站的延误,对于路边型普通公交专用道,如式(3-25)所示,对于中央式快速公交专用道,如式(3-26)所示;D_{ji} 表示公交车在第 i 个交叉口的延误,两类专用道的交叉口延误计算方法相同,如式(3-34)所示;n_1 表示公交专用道上路段的数量;n_2 表示公交专用道上路中停靠站的数量;n_3 表示公交专用道上游停靠站的数量;n_4 表示公交专用道下游停靠站的数量;n_5 表示公交专用道上交叉口的数量。

3.6 本章小结

本章界定了研究公交专用道延误所针对的专用道类型。分类并定义了停靠站延误,具体为:将公交车在停靠站的等待过程分解为情形 a、情形 b 和情形 c,以此将停靠站延误分为进站阻挡延误、转移进站阻挡延误和出站阻挡延误,并给出了停靠站延误的定义。

构建了停靠站延误的估算模型,具体过程为:针对上游停靠站,通过对比 $M/M/s$ 模型顾客接受服务的过程和情形 a,采用 $M/M/s$ 模型的平均排队时间估计进站阻挡延误;通过分析排队时间波动、停靠时间波动及情形 b 的关系,采用排队时间标准差和情形 b 出现的概率估计转移进站阻挡延误,并推导了排队时间标准差和情形 b 出现的概率;通过分析情形 b 和情形 c 的关系,采用排队时间标准差和情形 c 出现的概率估计出站阻挡延误,并推导了情形 c 出现的概率;将 3 类延误相加即得到停靠站延误的估算模型。并通过停靠站实地调查,进行了参数估计和模型验证,表明所建模型可用于停靠站延误的预测,准确率可达到 80%。

分析了公交车在公交专用道路段和交叉口延误的计算方法,结合公交车在停靠站的延误,建立了公交专用道延误的估算模型。

第四章 车辆运行服务水平分级与服务交通量研究

本书将公交专用道延误作为车辆运行服务水平的评价指标,在第三章建立了延误的估算模型。以第三章为基础,本章旨在研究基于延误的公交专用道车辆运行服务水平分级与服务交通量。

4.1 车辆运行服务水平分级研究

4.1.1 问题界定

我国通常把服务水平分为一级、二级、三级、四级,本书也把公交专用道的车辆运行服务水平分为一级~四级,其中,一级代表最好的运行状况,四级代表最差的运行状况。服务水平分级是指确定各级服务水平下评价指标的范围。

本书把公交专用道延误作为公交专用道车辆运行服务水平的评价指标,公交专用道延误包括公交车在公交专用道上所有路段、所有停靠站和所有交叉口的延误。路段、停靠站和交叉口的数量对于不同的公交专用道而言是不同的,因此,基于公交专用道延误的服务水平分级无法提供统一公平的标准。因此,本书基于单位公交专用道延误研究车辆运行服务水平分级。单位公交专用道延误是指公交车在单位长度(100 m)路段、单个停靠站和单个交叉口的延误之和,以 D_0 表示。

表 4-1 公交专用道车辆运行服务水平分级的预期目标

服务水平等级	单位公交专用道延误
一	$D_0 \leqslant d_1$
二	$d_1 < D_0 \leqslant d_2$
三	$d_2 < D_0 \leqslant d_3$
四	$D_0 > d_3$

本节目标在于确定各级服务水平下单位公交专用道延误的范围,或者说确定各级服务水平单位公交专用道延误 D_0 的临界值 d_1、d_2、d_3,如表 4-1 所示。

4.1.2 服务水平分级的理论方法

国内外通常根据专家经验来界定服务水平分级,主观性较强[109-111]。本节试图采用具有理论基础的方法研究公交专用道的车辆运行服务水平分级问题。

4.1.2.1 因子评点法

因子评点法以评价指标服从正态分布为基础,以评价指标的均值和标准差划分服务水平分级。国外通常将服务水平分为 A、B、C、D、E、F 六级,因子评点法论述了划分为六级时的分级方法。具体步骤为[83]：

(1) 计算评价指标 x 的均值 μ_0 与标准差 σ。

(2) 评价指标的正态分布检验。推荐的方法为：首先进行频次分析，绘制次数分布曲线，以从直观上观察评价指标是否服从正态分布；然后进行正态分布检验如 K-S 检验，以定量分析评价指标是否服从正态分布。

(3) 如果评价指标服从正态分布，则以 μ_0 作为 C 级的上限值，以 $\mu_0-1.5\sigma$、$\mu_0-0.5\sigma$、$\mu_0+0.5\sigma$、$\mu_0+1.5\sigma$ 作为 A 级、B 级、D 级、E 级的上限值。

因此，因子评点法确定的服务水平分级如表 4-2 所示。

表 4-2 因子评点法服务水平分级

服务水平等级	评价指标
A	$x \leqslant \mu_0 - 1.5\sigma$
B	$\mu_0 - 1.5\sigma < x \leqslant \mu_0 - 0.5\sigma$
C	$\mu_0 - 0.5\sigma < x \leqslant \mu_0$
D	$\mu_0 < x \leqslant \mu_0 + 0.5\sigma$
E	$\mu_0 + 0.5\sigma < x \leqslant \mu_0 + 1.5\sigma$
F	$x > \mu_0 + 1.5\sigma$

因子评点法实质上是根据各级服务水平的期望概率确定评价指标的临界值。根据正态分布的分布函数，$\mu_0-1.5\sigma$ 的累积概率为 7%，$\mu_0-0.5\sigma$ 的累积概率为 31%，μ_0 的累积概率为 50%，$\mu_0+0.5\sigma$ 的累积概率为 69%，$\mu_0+1.5\sigma$ 的累积概率为 93%。因此，A 级、B 级、C 级、D 级、E 级、F 级的概率分别为 7%、24%、19%、19%、24%、7%，如图 4-1 所示。对因子评点法进行逆向分析，发现其思路为：首先明确各级服务水平的期望概率；然后确定各级服务水平评价指标临界值的累积概率；然后从评价指标的分布函数中找出累积概率值，即为评价指标的临界值。

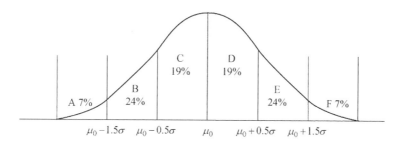

图 4-1 因子评点法的各级服务水平概率

将公交专用道车辆运行服务水平分为四级，考虑到实际中一级和四级出现的可能性较小，而大多为二级和三级，因此，假定将一级、二级、三级、四级的概率指定为 15%、35%、35%、15%。相应地，各级服务水平临界值的累积概率分别为 15%、50%、85%。因此，根据因子评点法划分公交专用道车辆运行服务水平分级时，临界值分别为 $\mu_0-\sigma$、μ_0、$\mu_0+\sigma$，拟定的服务水平分级如表 4-3 所示。

表 4-3 因子评点法拟定的车辆运行服务水平分级

服务水平等级	单位公交专用道延误
一	$D_0 \leqslant \mu_0 - \sigma$
二	$\mu_0 - \sigma < D_0 \leqslant \mu_0$
三	$\mu_0 < D_0 \leqslant \mu_0 + \sigma$
四	$D_0 > \mu_0 + \sigma$

4.1.2.2 本书提出的服务水平分级方法

受因子评点法的启发，本书提出了更为一般化的服务水平分级方法。该方法不要求评价指标服从正态分布，但要求用于服务水平分级的评价指标样本要尽可能大。该方法适合

于评价指标值愈小,服务水平等级愈高的分级问题。具体步骤为:

(1) 对评价指标 x 进行频次分析,分析其累积分布或者绘制累积分布曲线。

(2) 根据实际情况指定各级服务水平的期望概率。例如,将服务水平分为四级,指定各级的期望概率分别为 p_1、p_2、p_3、p_4,且 $p_1+p_2+p_3+p_4=1$。

(3) 根据各级服务水平的期望概率确定其临界值的累积概率。以 x_1、x_2、x_3 表示服务水平分为四级时的临界值,则 x_1 的累积概率 $F(x_1)=p_1$,x_2 的累积概率 $F(x_2)=p_1+p_2$,x_3 的累积概率 $F(x_3)=p_1+p_2+p_3$。

(4) 从评价指标的累积分布或者累积分布曲线中找出累积概率值,即为各级服务水平的临界值。

4.1.2.3 K 均值聚类

聚类分析是指按照对象的某些属性,将物理或抽象对象的集合分为由类似的对象组成的多个类,使同类中的对象具有较高的相似度,而不同类中的对象差别较大。聚类分析是重要的数据挖掘技术之一,已经被广泛地应用到诸多领域中,如金融数据分类、空间数据处理、模式识别、卫星图像分析和医学图像的自动检测。在大量的聚类算法中,K 均值聚类和模糊 C 均值聚类是基于划分的聚类算法,需事先确定聚类数目。

服务水平分级问题可视为服务水平评价指标的聚类问题,使相似的评价指标样本尽可能地归为一类,而将不相似的评价指标样本尽量划分到不同类中。由于事先确定了服务水平的等级数目,因此本书采用 K 均值聚类和模糊 C 均值聚类研究公交专用道的车辆运行服务水平分级问题,并将聚类中心作为各级服务水平评价指标的中值。

K 均值聚类的核心思想为:把 n 个数据点 $x_j(j=1,2,\cdots,n)$ 分为 k 个类 $G_i(i=1,2,\cdots,k)$,求每类的聚类中心 c_i,使得目标函数达到最小。以 $d(x_j-c_i)$ 表示 G_i 中数据点 x_j 与其聚类中心 c_i 的距离,则目标函数可定义为[112]:

$$J=\sum_{i=1}^{k}J_i=\sum_{i=1}^{k}\left[\sum_{j,\,x_j\in G_i}d(x_j-c_i)\right] \tag{4-1}$$

式中,$J_i=\sum_{j,\,x_j\in G_i}d(x_j-c_i)$ 是 G_i 内的目标函数,J_i 的值依赖于 G_i 的几何特性与 c_i 的位置。

为简单起见,通常用欧几里德距离作为距离指标,因此 $d(x_j-c_i)=\|x_j-c_i\|^2$。

划分过的类用隶属矩阵 U 来定义,其为 $k\times n$ 的二维矩阵。如果第 j 个数据点 x_j 属于 G_i,则 U 中的元素 u_{ij} 为 1;否则,u_{ij} 为 0。一旦确定了聚类中心 c_i,可导出使目标函数式(4-1)最小的 u_{ij}[113]:

$$u_{ij}=\begin{cases}1, & \text{对每个 } l\neq i,\text{如果 }\|x_j-c_i\|^2\leqslant\|x_j-c_l\|^2\\ 0, & \text{其他}\end{cases} \tag{4-2}$$

式(4-2)表明如果 c_i 是距 x_j 最近的聚类中心,那么 x_j 属于 G_i。由于一个数据点只能属于一个类,因此隶属矩阵 U 具有如下性质:$\sum_{i=1}^{k}u_{ij}=1$,$\forall j=1,2,\cdots,n$,且 $\sum_{i=1}^{k}\sum_{j=1}^{n}u_{ij}=n$。

K 均值聚类先任意选择 k 个数据点作为初始类中心,然后计算每个数据点与各个类中心的距离,并将其赋给最近的类,更新类中心,不断重复此过程直到目标函数收敛,确定最终聚类中心 c_i 和隶属矩阵 U。具体执行过程为[114]:

(1) 初始化聚类中心 $c_i(i=1, 2, \cdots, k)$；
(2) 用式(4-2)确定隶属矩阵 $\boldsymbol{U}$；
(3) 根据式(4-1)计算目标函数,如果它小于事先给定的阈值,或相对上次迭代的目标函数值的改变量小于某个阈值,则算法停止；
(4) 修正聚类中心,返回步骤(2)。

4.1.2.4 模糊 C 均值聚类

K 均值聚类对于数据的划分是硬性的,即用 0 或者 1 表示数据点是否属于某类。模糊 C 均值聚类(简称 FCM)对 K 均值聚类进行了改进,是一种柔性的模糊划分,即用值在 [0,1] 间的隶属度表示数据点属于某个类的程度[115-118]。

FCM 把 n 个数据点 $x_j(j=1, 2, \cdots, n)$ 分为 C 个模糊类,并求每类的聚类中心,使得目标函数达到最小。FCM 的隶属矩阵 $\boldsymbol{U}$ 是一个 $C \times n$ 的二维矩阵,允许有值在[0,1]间的元素。不过,由于归一化规定,一个数据点的隶属度的和总等于1：

$$\sum_{i=1}^{C} u_{ij} = 1, \ \forall j = 1, 2, \cdots, n \tag{4-3}$$

FCM 的目标函数是式(4-1)的一般化形式,即[116]：

$$J(\boldsymbol{U}, c_1, c_2, \cdots, c_C) = \sum_{i=1}^{C} J_i = \sum_{i=1}^{C} \sum_{j=1}^{n} u_{ij}^m d_{ij}^2 \tag{4-4}$$

式中,u_{ij} 介于[0,1]之间；c_i 为模糊类 i 的聚类中心；$d_{ij} = \|x_j - c_i\|$,为第 i 个聚类中心与第 j 个数据点间的欧几里德距离；$m \in [1, +\infty)$ 是一个加权指数。

构造如下新的目标函数,可求得使目标函数式(4-4)达到最小的必要条件[117]：

$$\begin{aligned}\overline{J}(\boldsymbol{U}, c_1, c_2, \cdots, c_C, \lambda_1, \lambda_2, \cdots, \lambda_n) &= J(\boldsymbol{U}, c_1, c_2, \cdots, c_C) + \sum_{j=1}^{n} \lambda_j \left(\sum_{i=1}^{C} u_{ij} - 1 \right) \\ &= \sum_{i=1}^{C} \sum_{j=1}^{n} u_{ij}^m d_{ij}^2 + \sum_{j=1}^{n} \lambda_j \left(\sum_{i=1}^{C} u_{ij} - 1 \right)\end{aligned} \tag{4-5}$$

式中,$\lambda_j(j=1, 2, \cdots, n)$ 是式(4-3)的 n 个约束式的拉格朗日乘子。

对所有输入参量求导,使得式(4-4)达到最小的必要条件为[118]：

$$c_i = \frac{\sum_{j=1}^{n} u_{ij}^m x_j}{\sum_{j=1}^{n} u_{ij}^m} \tag{4-6}$$

和

$$u_{ij} = \frac{1}{\sum_{l=1}^{C} (d_{ij}/d_{lj})^{2/(m-1)}} \tag{4-7}$$

FCM 按照下列步骤进行简单的迭代,直到目标函数收敛,确定最终的聚类中心 c_i 和隶属矩阵 $\boldsymbol{U}$[115-118]。然后依据隶属矩阵,按照模糊集合中的最大隶属原则确定每个数据点的归类。

(1) 用值在[0,1]间的随机数初始化隶属矩阵,使其满足式(4-3)中的约束条件;

(2) 用式(4-6)计算 C 个聚类中心;

(3) 根据式(4-4)计算目标函数,如果它小于事先给定的阈值,或相对上次迭代的目标函数值的改变量小于某个阈值,则算法停止;

(4) 用式(4-7)计算新的隶属矩阵,返回步骤(2)。

4.1.3　车辆运行服务水平分级的延误样本

本节目标在于确定各级服务水平单位公交专用道延误的临界值,合理地选择单位公交专用道延误样本(简称延误样本)是实现本节目标的基础。单位公交专用道延误是指公交车在单位长度路段、单个停靠站和单个交叉口的延误之和。对于公交专用道路段来说,公交车在其享有专有的路权,公交车在路段的延误很小,在单位长度路段的延误更小,本书将公交车在单位长度(100 m)路段的延误取为 0.5 s。获取延误样本的关键是求公交车在单个停靠站和单个交叉口的延误之和。

公交车在上游停靠站的延误是停靠站和交叉口相互影响下的延误,第三章建立的上游停靠站延误估算模型已将公交车在交叉口的延误考虑在内,采用该模型计算出的延误即为公交车在单个停靠站和单个交叉口的延误之和。因此,应用上游停靠站延误估算模型获取车辆运行服务水平分级的延误样本。

获取延误样本的具体方法为:首先确定上游停靠站延误估算模型中解释变量的取值;然后组合解释变量的多种取值,计算解释变量不同组合下的延误,即得到不同的单停靠站和单交叉口延误之和;将单位长度路段延误(0.5 s)加到每一个单停靠站和单交叉口延误之和中,即得到延误样本。

上游停靠站延误估算模型以公交车到达率、单泊位通行能力、泊位数、信号参数为解释变量,本书选定的解释变量取值如表 4-4 所示。普通公交专用道和快速公交专用道的延误样本均采用表 4-4 中的解释变量取值获取。将解释变量的多种取值组合,共 15 288(13×7×3×8×7)种组合。将解释变量的 15 288 种组合代入普通公交专用道上游停靠站的延误估算模型式(3-23)中,得到 15 288 个单停靠站和单交叉口的延误之和,每一延误值加上 0.5 s 后即得到普通公交专用道的延误样本。将解释变量的 15 288 种组合代入快速公交专用道上游停靠站的延误估算模型式(3-24)中,得到 15 288 个单停靠站和单交叉口的延误之和,每一延误值加上 0.5 s 后即得到快速公交专用道的延误样本。

表 4-4　获取延误样本的解释变量取值

解释变量	取值范围	步长	取值数量
到达率(辆/h)	20~80	5	13
单泊位通行能力(辆/h)	60~120	10	7
泊位数	2~4	1	3
红灯时间(s)	60~130	10	8
周期长度(s)	90~150	10	7

为了完成延误样本的获取,编写了4个MATLAB程序,普通公交专用道和快速公交专用道各两个,见附录D～附录G。每种专用道的两个程序中,一个用于计算一组给定解释变量下的延误值,另一个程序的功能是使解释变量的多种取值进行组合,并调用前一个程序计算出15 288个延误值。

本节选定的解释变量取值范围基本覆盖了实际中各种可能出现的情形,全面的解释变量组合下得到的延误样本可认为接近延误的总体。因此,应用本节的延误样本研究公交专用道车辆运行服务水平分级问题是可行的。

4.1.4 延误的分布检验

4.1.4.1 延误的正态分布检验

因子评点法要求服务水平的评价指标服从正态分布,因此对单位公交专用道延误进行正态分布检验。针对延误样本,首先对其进行频次分析,绘制次数分布曲线,然后进行K-S检验以定量分析延误是否服从正态分布。频次分析与K-S检验均表明单位公交专用道延误不服从正态分布。

以快速公交专用道为例,单位公交专用道延误的次数分布曲线如图4-2所示,K-S检验结果如表4-5所示。延误的次数分布曲线完全不同于正态分布曲线,而是呈现递减趋势。K-S检验的P值小于0.05,说明延误样本分布与假设分布即正态分布的差异显著,即单位公交专用道延误不服从正态分布。

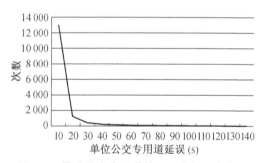

图4-2 快速公交专用道的延误次数分布曲线

表4-5 快速公交专用道的延误正态分布K-S检验结果

样本数		15 288
正态参数	均值	5.79
	标准差	12.36
最极端差别	绝对值	0.32
	正	0.262
	负	−0.32
K-S Z值		39.53
P(双侧)		0.000

4.1.4.2 延误的负指数分布检验

从次数分布曲线来看,单位公交专用道延误可能服从负指数分布,因此采用K-S检验对其进行负指数分布检验。负指数分布的概率密度函数和分布函数分别为[119]:

$$f(x) = \gamma e^{-\gamma x} \tag{4-8}$$

$$F(x) = 1 - e^{-\gamma x} \tag{4-9}$$

式中,γ为延误均值的倒数。

检验假设H_0:单位公交专用道延误服从负指数分布

　　　　H_1:单位公交专用道延误不服从负指数分布

接受原假设H_0的条件为:

$$\max(|F_0(x)-F_n(x)|) < D(n,\alpha) \tag{4-10}$$

式中，$F_0(x)$ 表示累积理论百分比，根据式(4-9)进行计算；

$F_n(x)$ 表示累积观测百分比，由延误样本计算；

$D(n,\alpha)$ 表示拒绝临界值，查 Kolmogorov 分布的分位数表得到，其中，n 为样本容量，α 为置信水平。

K-S 检验表明单位公交专用道延误不服从负指数分布，因此单位公交专用道延误的分布尚不明确。以快速公交专用道为例，延误样本均值为 5.80，$\gamma=0.172$，其负指数分布的 K-S 检验过程如表 4-6 所示。$\max(|F_0(x)-F_n(x)|)=0.0354$，$D(15288,0.05)=0.0109$，前者大于后者，故单位公交专用道延误不服从负指数分布。

表 4-6 快速公交专用道的延误负指数分布 K-S 检验结果

延误值 x	观测频数	累积观测频数	累积观测百分比 $F_n(x)$ (%)	累积理论百分比 $F_0(x)$ (%)	$\|F_0(x)-F_n(x)\|$
10	13 033	13 033	85.249 9	82.093 4	0.031 6
20	1 223	14 256	93.249 6	96.793 5	0.035 4
30	419	14 675	95.990 3	99.425 8	0.034 4
40	209	14 884	97.357 4	99.897 2	0.025 4
50	124	15 008	98.168 5	99.981 6	0.018 1
60	88	15 096	98.744 1	99.996 7	0.012 5
70	55	15 151	99.103 9	99.999 4	0.009 0
80	35	15 186	99.332 8	99.999 9	0.006 7
90	30	15 216	99.529 0	100.000 0	0.004 7
100	26	15 242	99.699 1	100.000 0	0.003 0
110	23	15 265	99.849 6	100.000 0	0.001 5
120	13	15 278	99.934 6	100.000 0	0.000 7
130	7	15 285	99.980 4	100.000 0	0.000 2
140	3	15 288	100.000 0	100.000 0	0.000 0
结果分析	0.035 4 > $D(15288,0.05)=0.0109$，故单位公交专用道延误不服从负指数分布。			最大值	0.035 4

4.1.5 车辆运行服务水平分级

单位公交专用道延误不服从正态分布，故不适合采用因子评点法进行公交专用道的车辆运行服务水平分级。因此，首先分别采用本书提出的服务水平分级方法、K 均值聚类和模糊 C 均值聚类进行车辆运行服务水平分级，然后对 3 种方法的分级结果进行分析，以最终确定公交专用道的车辆运行服务水平分级。

基于单位公交专用道延误对服务水平分级是针对存在延误的情形,所以应当剔除样本中数值很小以至于可视为延误为零的数据点。在采用本书提出的服务水平分级方法进行车辆运行服务水平分级时,剔除了延误样本中小于 4 s 的数据点。在应用 K 均值聚类和模糊 C 均值聚类进行车辆运行服务水平分级时,考虑到样本离散性太大不利于聚类,剔除了延误样本中小于 4 s,大于 90 s 的数据点。

4.1.5.1 基于本书分级方法的车辆运行服务水平分级

采用本书提出的服务水平分级方法进行车辆运行服务水平分级时,首先分析单位公交专用道延误的累积分布。普通公交专用道的延误累积分布如表 4-7 所示,快速公交专用道的延误累积分布如表 4-8 所示。

将公交专用道车辆运行服务水平分为四级,考虑到实际中一级和四级出现的可能性较小,而大多为二级和三级,因此,指定一级、二级、三级、四级的概率分别为 15%、35%、35%、15%。即 $D_0 \leqslant d_1$ 的概率 $P(D_0 \leqslant d_1) = 15\%$,以此类推,$P(d_1 < D_0 \leqslant d_2) = 35\%$,$P(d_2 < D_0 \leqslant d_3) = 35\%$,$P(D_0 > d_3) = 15\%$。

因此,各级服务水平临界值的累积概率 $F(d_1) = 15\%$,$F(d_2) = 50\%$,$F(d_3) = 85\%$。然后从单位公交专用道延误的累积分布即表 4-7 和表 4-8 中找出 15%、50%、85% 对应的延误值,即为各级服务水平临界值 d_1、d_2、d_3。

因此,普通公交专用道的车辆运行服务水平分级如表 4-9 所示,快速公交专用道的车辆运行服务水平分级如表 4-10 所示。从表中可见,两类专用道的车辆运行服务水平分级差别很小。

表 4-7 普通公交专用道的延误累积分布

单位公交专用道延误	观测频数	累积观测频数	累积观测概率(%)	单位公交专用道延误	观测频数	累积观测频数	累积观测概率(%)
5	600	600	14.705 9	28	60	3 590	87.990 2
6	478	1 078	26.421 6	30	44	3 634	89.068 6
7	399	1 477	36.201 0	32	47	3 681	90.220 6
8	321	1 798	44.068 6	34	34	3 715	91.053 9
9	262	2 060	50.490 2	36	34	3 749	91.887 3
10	213	2 273	55.710 8	38	32	3 781	92.671 6
12	343	2 616	64.117 6	40	30	3 811	93.406 9
14	242	2 858	70.049 0	50	103	3 914	95.931 4
16	183	3 041	74.534 3	60	58	3 972	97.352 9
18	143	3 184	78.039 2	70	39	4 011	98.308 8
20	112	3 296	80.784 3	80	34	4 045	99.142 2
22	85	3 381	82.867 6	90	20	4 065	99.632 4
24	82	3 463	84.877 5	100	11	4 076	99.902 0
26	67	3 530	86.519 6	110	4	4 080	100.000 0

表 4-8 快速公交专用道的延误累积分布

单位公交专用道延误	观测频数	累积观测频数	累积观测概率(%)	单位公交专用道延误	观测频数	累积观测频数	累积观测概率(%)
5	645	645	13.673 9	32	48	4 152	88.022 0
6	509	1 154	24.464 7	34	48	4 200	89.039 6
7	410	1 564	33.156 7	36	41	4 241	89.908 8
8	357	1 921	40.725 0	38	40	4 281	90.756 8
9	297	2 218	47.021 4	40	32	4 313	91.435 2
10	244	2 462	52.194 2	50	124	4 437	94.064 0
12	386	2 848	60.377 4	60	88	4 525	95.929 6
14	278	3 126	66.270 9	70	55	4 580	97.095 6
16	227	3 353	71.083 3	80	35	4 615	97.837 6
18	185	3 538	75.005 3	90	30	4 645	98.473 6
20	147	3 685	78.121 7	100	26	4 671	99.024 8
22	120	3 805	80.665 7	110	23	4 694	99.512 4
24	88	3 893	82.531 3	120	13	4 707	99.788 0
26	79	3 972	84.206 1	130	7	4 714	99.936 4
28	66	4 038	85.605 3	140	3	4 717	100.000 0
30	66	4 104	87.004 5				

表 4-9 基于本书方法的普通公交专用道车辆运行服务水平分级

车辆运行服务水平等级	单位公交专用道延误(s)
一	$D_0 \leqslant 5$
二	$5 < D_0 \leqslant 9$
三	$9 < D_0 \leqslant 25$
四	$D_0 > 25$

备注:适用于路边型普通公交专用道

表 4-10 基于本书方法的快速公交专用道车辆运行服务水平分级

车辆运行服务水平等级	单位公交专用道延误(s)
一	$D_0 \leqslant 5.5$
二	$5.5 < D_0 \leqslant 10$
三	$10 < D_0 \leqslant 28$
四	$D_0 > 28$

备注:适用于中央式快速公交专用道

4.1.5.2 基于K均值聚类的车辆运行服务水平分级

采用 K 均值聚类进行公交专用道的车辆运行服务水平分级时,聚类数目为车辆运行服务水平的等级数目,以聚类中心作为各级服务水平延误的中值,然后根据各级服务水平延误的中值界定其延误范围。将公交专用道的车辆运行服务水平分为四级,因此事先指定聚类数目为 4。采用 SPSS 软件完成 K 均值聚类。

普通公交专用道的延误 K 均值聚类结果如表 4-11 所示,快速公交专用道的延误 K 均值聚类结果如表 4-12 所示。对各级服务水平延误的中值即聚类中心进行分析后,得到普通公交专用道的车辆运行服务水平分级如表 4-13 所示,快速公交专用道的车辆运行服务水平分级如表 4-14 所示。

表 4-11　普通公交专用道的延误 K 均值聚类结果

类别	单位公交专用道延误的聚类中心(s)
1	7
2	18
3	36
4	67

表 4-12　快速公交专用道的延误 K 均值聚类结果

类别	单位公交专用道延误的聚类中心(s)
1	7
2	18
3	37
4	66

表 4-13　基于 K 均值聚类的普通公交专用道车辆运行服务水平分级

车辆运行服务水平等级	单位公交专用道延误(s)
一	$D_0 \leqslant 13$
二	$13 < D_0 \leqslant 27$
三	$27 < D_0 \leqslant 52$
四	$D_0 > 52$

备注:适用于路边型普通公交专用道

表 4-14　基于 K 均值聚类的快速公交专用道车辆运行服务水平分级

车辆运行服务水平等级	单位公交专用道延误(s)
一	$D_0 \leqslant 13$
二	$13 < D_0 \leqslant 28$
三	$28 < D_0 \leqslant 52$
四	$D_0 > 52$

备注:适用于中央式快速公交专用道

4.1.5.3　基于模糊 C 均值聚类的车辆运行服务水平分级

与 K 均值聚类相同,应用模糊 C 均值聚类进行公交专用道的车辆运行服务水平分级时,聚类数目亦为车辆运行服务水平的等级数目,以聚类中心作为各级服务水平延误的中值,然后根据各级服务水平延误的中值界定其延误范围。同样,事先指定聚类数目为 4。为了完成模糊 C 均值聚类,编写了 MATLAB 程序,代码见附录 H。

普通公交专用道的延误模糊 C 均值聚类结果如表 4-15 所示,快速公交专用道的延误模糊 C 均值聚类结果如表 4-16 所示。对各级服务水平延误的中值即聚类中心进行分析后,得到普通公交专用道的车辆运行服务水平分级如表 4-17 所示,快速公交专用道的车辆运行服务水平分级如表 4-18 所示。

表 4-15　普通公交专用道的延误模糊 C 均值聚类结果

类别	单位公交专用道延误的聚类中心(s)
1	7
2	17
3	37
4	69

表 4-16　快速公交专用道的延误模糊 C 均值聚类结果

类别	单位公交专用道延误的聚类中心(s)
1	7
2	18
3	37
4	68

表 4-17 基于模糊 C 均值聚类的普通公交专用道车辆运行服务水平分级

车辆运行服务水平等级	单位公交专用道延误(s)
一	$D_0 \leqslant 12$
二	$12 < D_0 \leqslant 27$
三	$27 < D_0 \leqslant 53$
四	$D_0 > 53$

备注:适用于路边型普通公交专用道

表 4-18 基于模糊 C 均值聚类的快速公交专用道车辆运行服务水平分级

车辆运行服务水平等级	单位公交专用道延误(s)
一	$D_0 \leqslant 13$
二	$13 < D_0 \leqslant 28$
三	$28 < D_0 \leqslant 53$
四	$D_0 > 53$

备注:适用于中央式快速公交专用道

4.1.5.4 车辆运行服务水平分级结果

分别采用本书的服务水平分级方法、K均值聚类和模糊C均值聚类进行了公交专用道车辆运行服务水平分级,通过对比普通公交专用道的分级结果(即表 4-9、表 4-13 和表 4-17),以及快速公交专用道的分级结果(即表 4-10、表 4-14 和表 4-18)看出:K均值聚类和模糊C均值聚类的分级结果几乎相同,各级服务水平的临界值或相同或相差 1 s,这两种方法中推荐采用模糊C均值聚类的分级结果;本书分级方法的分级结果与聚类方法的分级结果相差很大,本书分级方法得到的临界值小于聚类方法得到的对应等级临界值的一半。

采用本书分级方法进行车辆运行服务水平分级时,根据主观经验指定了各级服务水平的概率,所指定的概率是否合理存在质疑。另外本书分级方法得到的分级结果过于集中,例如普通公交专用道一级和二级的临界值相差 4 s,这样可能难以体现出不同服务水平等级运行状况的差异。

因此,本书采用模糊C均值聚类的分级结果作为公交专用道的车辆运行服务水平分级。普通公交专用道的车辆运行服务水平分级如表 4-17 所示,快速公交专用道的车辆运行服务水平分级如表 4-18 所示。

4.2 公交专用道服务交通量研究

4.2.1 问题界定与研究思路

本书将公交服务交通量定义为停靠站通过的公交车数量。服务水平是一个区间范畴,各级服务水平都有其服务的质量范围,因此,各级服务水平的服务交通量亦为区间范畴。本节目的在于确定公交专用道各级服务水平的服务交通量,如表 4-19 所示,其中,Q 表示服务交通量,Q_1、Q_2、Q_3 表示临界值。

目前对公交服务交通量鲜有研究,对高

表 4-19 公交专用道服务交通量研究的预期目标

服务水平等级	单位公交专用道延误	服务交通量
一	$D_0 \leqslant d_1$	$Q \leqslant Q_1$
二	$d_1 < D_0 \leqslant d_2$	$Q_1 < Q \leqslant Q_2$
三	$d_2 < D_0 \leqslant d_3$	$Q_2 < Q \leqslant Q_3$
四	$D_0 > d_3$	$Q > Q_3$

速公路和城市道路的服务交通量有一定研究。现有研究通常直接给出各级服务水平的服务交通量,缺乏理论基础[109-111]。本书试图采用具有理论基础的方法研究公交专用道的服务交通量。具体思路为:首先研究单位公交专用道延误与服务交通量的二元关系,在分析二者关系的基础上,确定各级服务水平的服务交通量。

考虑到实地调查获取数据的局限性,本书试图通过仿真来研究单位公交专用道延误与服务交通量的关系。首先进行实地调查以标定仿真输入参数,然后建立仿真模型,多次变换仿真条件以获得大范围的数据,然后基于仿真获得的单位公交专用道延误与服务交通量数据进行二者关系的研究。本书采用 VISSIM 仿真软件完成公交专用道的仿真。

4.2.2 公交专用道仿真

公交专用道仿真的设计流程包括参数标定、建立路网、设定输出文件、执行仿真,以及仿真模型的有效性检验。

1) 参数标定

参数标定阶段要做的工作有:标定公交车停靠时间参数、公交车和小汽车的期望速度分布、交通组成、信号参数、小汽车流量、公交车特性、停靠站特性、公交线路特性及延误检测段特性。公交专用道仿真的参数标定结果如表 4-20 所示。

将公交车在停靠站的停靠时间设为根据客流量与单位乘客的上下车时间计算得到。根据 3.2.7 节中"完成上下客时间"内所做的分析,将普通公交专用道的停靠时间设为等于上车时间和下车时间中的较大值,快速公交专用道的停靠时间设为等于上车时间与下车时间之和,且按所做的分析设定了单位乘客上下车时间。速度分布、信号参数、流量、发车频率等均根据实地调查和资料收集进行标定。VISSIM 中公交车默认长度为 12 m,但快速公交车通常为 18 m,容量为 180 人,仿真时将快速公交车容量设为 180 人,这样便不影响对实际的仿真。

延误检测的目的是检测单位公交专用道延误和对应的服务交通量,将延误检测段设置于上游停靠站处(以检测公交车在单个停靠站和交叉口的延误),起点位于上游停靠站前 100 m(以检测单位长度路段的延误),终点位于上游停靠站后的交叉口停车线。

表 4-20 公交专用道仿真的参数标定

停靠时间参数	普通公交专用道	上车时间:2.26 s/人 下车时间:1.21 s/人 清空时间:10 s 停靠时间计算方法:上车时间和下车时间中的较大值
	快速公交专用道	上车时间:0.72 s/人 下车时间:0.935 s/人 清空时间:10 s 停靠时间计算方法:上车时间与下车时间之和
速度分布	小汽车速度分布	35~65 km/h
	公交车速度分布	20~35 km/h,12~18 km/h,并使用其他默认速度分布
车辆组成		为小汽车道设置车辆组成,设为仅小汽车
信号参数		两相位,相位 1 的绿灯时长为 70 s,相位 2 的绿灯时长为 44 s,黄灯 6 s 公交专用道进口道配置相位 1,小汽车道进口道配置相位 2

续表 4-20

小汽车流量		800～1 200 辆/h				
公交车	普通公交专用道	长度为 12 m,容量为 100 人				
	快速公交专用道	长度为 12 m,容量为 180 人				
停靠站		数量为 6,长度为 30 m(2 个泊位),客流量 600～1 000 人/h				
公交线路		期望速度分布	发车频率	服务时间	运行方向	停靠的站点
	线路 1	20～35 km/h	2 min	仿真运行时长	从西向东	1、2、3
	线路 2	20～25 km/h	5 min	仿真运行时长	从西向东	1、2、3
	线路 3	15～20 km/h	8 min	仿真运行时长	从西向东	1、2、3
	线路 4	20～35 km/h	10 min	仿真运行时长	从西向东	1、2、3
	线路 5	12～18 km/h	3 min	仿真运行时长	从西向东	1、2、3
	线路 6	20～25 km/h	4 min	仿真运行时长	从东向西	4、5、6
	线路 7	20～35 km/h	2 min	仿真运行时长	从东向西	4、5、6
	线路 8	15～20 km/h	6 min	仿真运行时长	从东向西	4、5、6
延误检测段		数量为 2,长度约 140 m,设在上游停靠站处,起于上游停靠站前 100 m,止于交叉口停车线				

2) 建立路网

建立路网是公交专用道仿真的核心,该阶段要做的工作有:绘制公交专用道和交叉口、车辆输入、定义路径、配置信号灯、设置停靠站、设置公交线路、设置各条公交路线在停靠站的停靠状况、设置延误检测段。

公交专用道仿真路网包括的元素有公交专用道、交叉口、停靠站、公交线路及延误检测段。由于公交专用道的运营服务在路段上不受社会车辆的影响,是否设置与其相邻的社会车道对仿真没有影响,因此没有设置与公交专用道相邻的社会车道。普通公交专用道的仿真路网如图 4-3 所示,快速公交专用道的仿真路网如图 4-4 所示。

普通公交专用道路网中,东西向为公交专用道,双向 4 车道;南北向为小汽车道,双向 2 车道;停靠站设在公交专用道外侧车道上,双向设置 6 个停靠站,其中 2 个为上游停靠站,距交叉口距离小于 10 m;设置 8 条公交线路,其中 5 条的运行方向为从西向东,3 条的运行方向为从东向西;设置 2 个延误检测段,设在上游停靠站处。在该路网的停靠站,由于设置了 2 条车道,故公交车可以超车。

快速公交专用道路网中,东西向为公交专用道,双向 2 车道;南北向为小汽车道,双向 2 车道;停靠站设置在专用道右侧,双向设置 6 个停靠站,其中 2 个为上游停靠站,距交叉口距离小于 10 m;设置 8 条公交线路,其中 5 条的运行方向为从西向东,3 条的运行方向为从东向西;设置 2 个延误检测段,设在上游停靠站处。在该路网的停靠站,由于只有 1 条车道,故公交车不可超车。

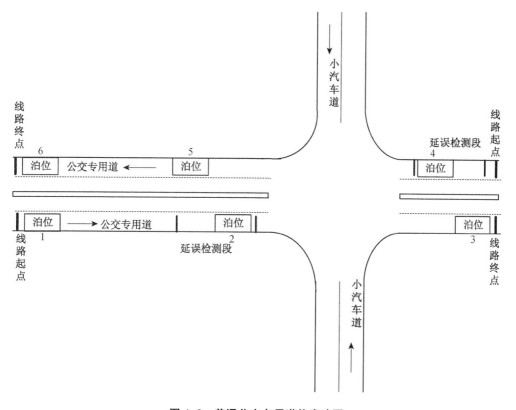

图 4-3 普通公交专用道仿真路网

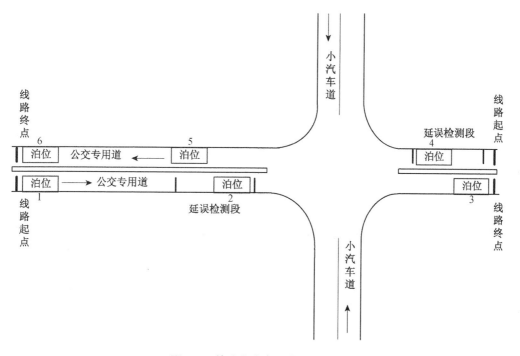

图 4-4 快速公交专用道仿真路网

3) 设定输出文件及执行仿真

设定输出文件是指输出仿真过程中的单位公交专用道延误和与其对应的服务交通量数据。

执行仿真时，为了能够仿真广泛的服务交通量范围，普通和快速公交专用道路网分别设计了3种仿真情景，如表4-21所示。第1种情景为从西向东方向激活3条公交线路，从东向西方向激活1条；第2种情景为从西向东方向激活4条，从东向西方向激活2条；第3种情景从西向东方向激活5条，从东向西方向激活3条。执行仿真时，分别运行这3种情景。3种情景的设计实现了停靠站有1~5条线路停靠，使得服务交通量从20辆/h变化到100辆/h。

表4-21 公交专用道的仿真情景

	仿真情景描述
第1种情景	从西向东方向激活3条公交线路即线路1、线路2、线路3； 从东向西方向激活1条公交线路即线路6
第2种情景	从西向东方向激活4条公交线路即线路1、线路2、线路3、线路4； 从东向西方向激活2条公交线路即线路6、线路7
第3种情景	从西向东方向激活5条公交线路即线路1、线路2、线路3、线路4、线路5； 从东向西方向激活3条公交线路即线路6、线路7、线路8

4) 仿真模型的有效性检验

在公交专用道停靠站进行了流量调查，以实测流量作为公交专用道仿真模型的公交车流量输入值。仿真时公交车流量由发车频率控制，因此，通过调控发车频率来实现拟输入的流量。对停靠站调查的实测流量和仿真模型的输出流量进行对比，以检验仿真模型的有效性。以普通公交专用道为例，实测流量和仿真流量如图4-5所示，可见，仿真流量与实测流量较为吻合，因此，可用仿真模型的输出数据进行后续研究。

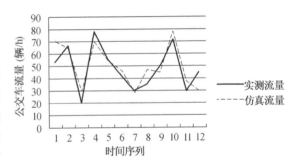

图4-5 普通公交专用道实测流量与仿真流量对比

4.2.3 延误与服务交通量的关系

根据公交专用道仿真模型的输出数据，对单位公交专用道延误与服务交通量的关系进行研究。由于事先不明确二者的关系，故以线性、对数、二次、复合、幂、增长、指数等多种方程进行拟合。

对于普通公交专用道，其单位公交专用道延误与服务交通量的多种方程拟合情况如表4-22所示。拟合情况很不理想，多种方程的R^2均很低，说明单位公交专用道延误和服务交通量的相关性比较低，难以建立二者间的二元模型。从理论上来说，随着服务交通量的增加，单位公交专用道延误应呈现增加的趋势。但仿真时，服务交通量从20辆/h变化到100辆/h，相应的延误值变化很不明显。在普通公交专用道的停靠站，公交车可以超车，这样尽管流量增加,但不会显著影响公交车离站,从而导致上述现象的发生。

表 4-22　普通公交专用道延误与服务交通量的多种方程拟合情况

方程	R^2	F 值	Sig.	常数	系数 b_1	系数 b_2
线性	0.066	3.694	0.060	1.483	0.017	
对数	0.072	4.008	0.051	−1.811	1.057	
二次	0.211	6.812	0.002	−24.186	0.895	−0.007
复合	0.102	5.909	0.019	1.307	1.009	
幂	0.108	6.269	0.015	0.223	0.570	
增长	0.102	5.909	0.019	0.267	0.009	
指数	0.102	5.909	0.019	1.307	0.009	

对于快速公交专用道,其单位公交专用道延误与服务交通量的多种方程拟合情况如表 4-23 所示。线性、对数、二次、幂 4 种方程的拟合程度较好,其中,二次方程的拟合程度最好,R^2 达 0.88。说明单位公交专用道延误与服务交通量的相关性较高,可建立二者的二元模型。

表 4-23　快速公交专用道延误与服务交通量的多种方程拟合情况

方程	R^2	F 值	Sig.	常数	系数 b_1	系数 b_2
线性	0.659	112.071	0.000	6.749	0.231	
对数	0.732	158.556	0.000	−40.142	14.992	
二次	0.880	209.586	0.000	−46.380	2.034	−0.014
复合	0.535	66.647	0.000	8.853	1.013	
幂	0.624	96.091	0.000	0.561	0.875	
增长	0.535	66.647	0.000	2.181	0.013	
指数	0.535	66.647	0.000	8.853	0.013	

对于快速公交专用道,单位公交专用道延误与服务交通量的二次模型为:

$$D_0 = -0.014Q^2 + 2.034Q - 46.380 \quad R^2 = 0.88 \quad (4-11)$$

式中,D_0 表示单位公交专用道延误(s);Q 表示服务交通量(辆/h);模型适用范围:服务交通量介于 30~120 辆/h。

从单位公交专用道延误与服务交通量的二次模型可以看出,随着服务交通量的增加,延误呈现先上升后下降的趋势;在每小时的服务交通量为 70~80 辆时,延误处于峰值,如图 4-6 所示。

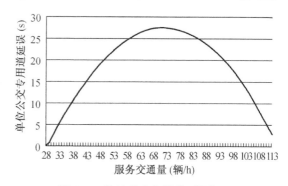

图 4-6　快速公交专用道延误与服务交通量的二次曲线

对于快速公交专用道,考虑到二次模型的局限性与线性模型描述问题的简单

性,亦建立单位公交专用道延误与服务交通量的线性模型:

$$D_0 = 0.231Q + 6.749 \quad R^2 = 0.659 \tag{4-12}$$

式中,D_0、Q 的含义同上。

4.2.4 公交专用道的服务交通量

本书试图通过单位公交专用道延误与服务交通量的关系确定公交专用道各级服务水平的服务交通量。对于普通公交专用道,其单位公交专用道延误和服务交通量的相关性低,无法建立二者间的模型,因此,无法按照本书的思路确定普通公交专用道的服务交通量。

对于快速公交专用道,建立了单位公交专用道延误与服务交通量的二次模型和线性模型。二次模型的拟合程度较好,但当用来确定服务交通量时存在如下缺点:模型局限性大,仅适用于每小时 30~120 辆的服务交通量范围;同一延误值对应两个服务交通量。因此,应用线性模型即式(4-12)来确定快速公交专用道的服务交通量。线性模型表达了单位公交专用道延误与服务交通量简单的正相关关系,为确定服务交通量提供了便利条件。

快速公交专用道的车辆运行服务水平分级如表 4-18 所示,将各级服务水平的单位公交专用道延误临界值代入式(4-12),即可得到各级服务水平的服务交通量临界值。仿真时的公交车为 12 m,标准车是 7~10 m 的公交车,因此,需将计算出的服务交通量临界值折算为标台数量。根据各级服务水平的服务交通量临界值及标准车的额定载客量可以得到各级服务水平的服务乘客量,以 Q_r 表示服务乘客量。快速公交专用道的服务交通量及服务乘客量如表 4-24 所示。

表 4-24 快速公交专用道车辆运行服务水平分级与服务交通量

车辆运行服务水平等级	单位公交专用道延误(s)	服务交通量(标台/h)	服务乘客量(人/h)
一	$D_0 \leqslant 13$	$Q \leqslant 35$	$Q_r \leqslant 2\,800$
二	$13 < D_0 \leqslant 28$	$35 < Q \leqslant 120$	$2\,800 < Q_r \leqslant 9\,600$
三	$28 < D_0 \leqslant 53$	$120 < Q \leqslant 260$	$9\,600 < Q_r \leqslant 20\,800$
四	$D_0 > 53$	C	$C \cdot N_0$

备注:适用于中央式快速公交专用道;单位公交专用道延误是指公交车在单位长度(100 m)路段、单个停靠站和单个交叉口的延误之和;C 表示公交专用道的通行能力;N_0 表示标准车的额定载客量。

4.3 本章小结

本章研究了公交专用道车辆运行服务水平分级与服务交通量。

车辆运行服务水平分级方面:首先明确了研究目标,即确定各级服务水平下单位公交专用道延误的范围,单位公交专用道延误是指公交车在单位长度(100 m)路段、单个停靠站和单个交叉口的延误之和;介绍了服务水平分级的因子评点法、K 均值聚类及模糊 C 均值聚类等理论方法,并提出了本书的服务水平分级方法;应用第三章建立的上游停靠站延误估算模型,通过选定模型中解释变量的取值,建立了用于车辆运行服务水平分级的延误样本;由于因子评点法的使用要求,对单位公交专用道延误的分布进行了检验,发现其不服从正态分布和负指数分布;采用本书的分级方法、K 均值聚类及模糊 C 均值聚类进行了车辆运行服务水平分级,然后通过分析 3 种方法的分级结果最终确定了公交专用道车辆运行服务水平分级。

服务交通量方面:首先明确了通过单位公交专用道延误与服务交通量的二元关系来确定各级服务水平的服务交通量;为了研究二者关系,建立了普通公交专用道和快速公交专用道的 VISSIM 仿真模型;对于普通公交专用道,单位公交专用道延误与服务交通量的相关性低而无法建立二者模型;对于快速公交专用道,建立了单位公交专用道延误与服务交通量的二次模型和线性模型;考虑到二次模型的局限性,通过线性模型确定了快速公交专用道各级服务水平的服务交通量。

第五章 乘客满意度问卷调查及其分析

本书选取乘客满意度作为乘客感知服务水平的评价指标,为了分析乘客满意度及构建乘客满意度估计模型,进行了公交专用道乘客满意度问卷调查。本章介绍调查的问卷设计、调查概况及调查数据的分析处理情况。

5.1 问卷设计

问卷设计的思路是首先分析构建乘客满意度估计模型要考虑的因素,然后根据这些因素设计问卷内容。正如 2.4.2 节所述,乘客满意度受很多因素的影响,乘客出行过程中每一环节,包括从出发点到停靠站、停靠站候车、乘车和从停靠站到目的地,所遇到的状况都会影响乘客满意度。另外,乘客满意度还在很大程度上受个人属性的影响。本书在众多影响因素中,选取到站时间、等车时间、停靠站设施水平、车内时间、车内拥挤度及乘客个人属性中的性别、年龄、受教育程度、职业、出行目的、有无私家车来研究公交专用道的乘客满意度。因此,问卷的内容要包含上述因素。

等车时间分为平均等车时间、潜在等车时间和等价等车时间。平均等车时间为乘客在停靠站等车所花费时间的平均值。为了保证准时到达目的地,乘客会根据日常出行经验预算一个较长的计划等车时间,这一计划等车时间比平均等车时间要长,其与平均等车时间的差称为潜在等车时间。潜在等车时间发生在目的地,不是发生在停靠站。等价等车时间就是按照某种权重把潜在等车时间转化为在停靠站的等车时间再加上平均等车时间。2.3.1 节中分析论述了可靠性是我国公交服务的关键方面,这 3 种等车时间中,潜在等车时间能够反映公交服务的可靠性。潜在等车时间越小,计划等车时间越接近平均等车时间,说明日常公交服务的变动性小,稳定可靠。因此,本书研究潜在等车时间对乘客满意度的影响。

问卷调查针对乘客的当前出行,即调查当前出行的出行特征及乘客个人属性。但乘客对公交服务的满意程度是长期的公交出行经历积累的结果,本书也将乘客满意度定义为乘客在多次使用公交服务后产生的对公交服务的总体主观感受,相应地,乘客满意度问卷调查应关注出行积累的感受。因此,问卷调查虽然针对乘客的当前出行,但将调查对象限定在有过多次当前出行的乘客,要求乘客根据日常的出行经验来回答问卷中的问题。

本书乘客满意度分为非常满意、满意、不满意、非常不满意 4 个级别,要求乘客根据日常出行经验,考虑到站时间、潜在等车时间、停靠站设施水平、车内时间和车内拥挤度做出满意度评价。

到站时间是指乘客根据日常出行经验估计的完成当前出行从出发点到停靠站的平均时间,包括步行时间和换乘时间(如果有换乘)。潜在等车时间等于计划等车时间减去平均等车时间,问卷中询问了乘客根据日常出行经验计划的最长等车时间和平均要经历的等车时间。停靠站设施水平是指当前出行的候车停靠站有无座椅、遮挡物和实时到站信息。问卷中没有直接询问该问题,而是记录了候车停靠站,后期处理数据时由调查人员查询确定。车内时间是指乘客根据日常出行经验估计的完成当前出行需在车内平均乘坐的时间。车内拥挤度体现车内的拥挤程度,将其定义为车内乘客数除以公交车面积。开展问卷调查前,调查员会记录公交车的车型,以便后期查询其面积。在开展每一次问卷调查时,调查员记录当前的车内乘客数,以获得与每份问卷对应的车内拥挤度。问卷中还询问了乘客的个人属性。最后,问卷中询问了乘客进行当前出行的频率,以决定该问卷是否可用来分析乘客满意度。

设计好问卷后,首先进行小范围的测试性调查,以发现不合理之处,如抽象的问题、有歧义的问题。本着问卷要准确传达所要询问的信息,且以简洁的语言表达的原则,在多次修改后得到本书的调查问卷。附录Ⅰ显示了其中1条调查线路的调查问卷。

5.2 问卷调查概况

本书选择常州公交专用道(302路聚博花园站~珠江花园站、快速公交B1和B11)进行乘客满意度问卷调查。

调查于2012年12月12日7:30~12:00,14:00~18:00实施。参加调查的人员6名,2人一组,负责1条线路。实施方法为调查员乘坐所选线路的某辆公交车,连续跟车,直到完成调查,跟车期间,调查员一对一询问乘客问卷内容。考虑到车内拥挤度这个因素,调查员要视不同拥挤程度开展调查,确保调查到的样本覆盖了不同的拥挤度。

3条调查线路共回收300份问卷。通过分析问卷中的上下车站点及出行频率,剔除当前出行是偶然的且不完全在公交专用道上的问卷。最终乘客满意度问卷调查共回收有效问卷251份。

5.3 数据分析方法

针对调查回收的有效问卷,通常可从以下几方面进行分析:①样本特性分析,即对乘客个人属性和出行特征不同类别的样本比例进行分析;②乘客满意度特性分析,即对乘客个人属性和出行特征不同类别的4种乘客满意度级别比例进行分析;③乘客个人属性和出行特征交叉的乘客满意度特性分析,即分别分析乘客个人属性不同类别下出行特征的乘客满意度特性;④乘客满意度差异性检验,即检验乘客个人属性和出行特征不同类别的乘客满意度有无显著差异;⑤乘客满意度估计模型构建。

对于乘客个人属性和出行特征交叉的乘客满意度特性分析,可以有很多种组合,对部分组合分析后发现,乘客个人属性不同类别下出行特征的乘客满意度特性没有明显的区别。以男性和女性的到站时间乘客满意度特性为例,其如图5-1所示,男性和女性的满意度随到站时间的变化趋势一致,即随着到站时间的增加,非常满意和满意的比例逐渐下降。因此,本书不对此方面进行详细介绍。乘客满意度估计模型将在第六章介绍。下面介绍样本特性分析、乘客满意度特性分析及乘客满意度差异性检验。

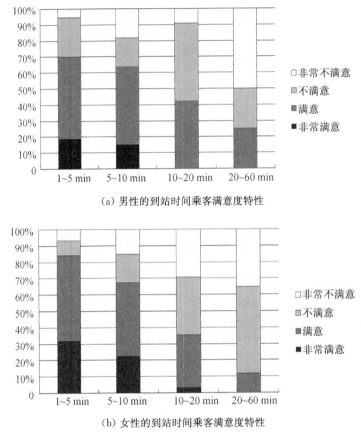

图 5-1 男性和女性的到站时间乘客满意度特性

5.4 样本特性分析

本节将分析回收的有效问卷中,乘客个人属性和出行特征的样本比例分布。乘客个人属性的样本比例分布如图 5-2 所示,乘客出行特征的样本比例分布如图 5-3 所示。

有效问卷中男性比例约 47%,女性比例约 53%,女性略高于男性,可能由于女性乘客数量偏多且易于接近。年龄分布比例中,20~29 岁的乘客最多,占了 56.57%,其次是 30~39 岁和 40~49 岁的乘客,分别占 17.13% 和 15.94%。受教育程度的分布比例中,大学本科的最多,占 36.25%,其次为大专,接近 30%。职业分布比例中,公司职员的比例最高,约为 55%,公务员和教师的比例较低,仅占 4.38%,家务人员所占比例最低,仅占 1.59%。出行目的分布比例中,上班和返程的最多,分别占 33.86% 和 25.50%,工作出行包括上班、返程、公务、上学的比例约为 76%,娱乐出行包括购物、访友的比例约为 24%。有效问卷中,无私家车的乘客占 82.87%,有私家车的占 17.13%。虽然有私家车的乘客比例不高,但仍然说明设置公交专用道会在某种程度吸引私家车出行者转移到公交上来,调查时也有乘客反映有时候坐公交比开车快。

第五章 乘客满意度问卷调查及其分析

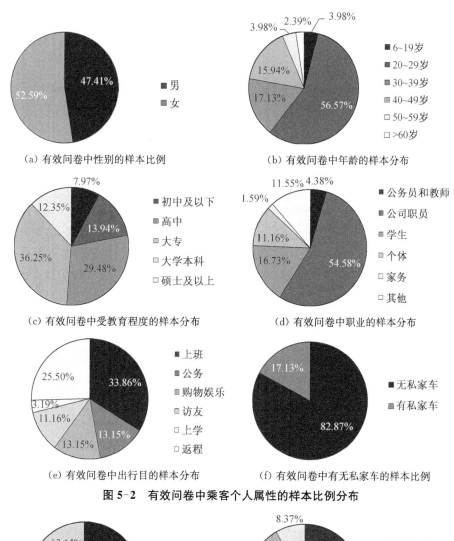

图 5-2 有效问卷中乘客个人属性的样本比例分布

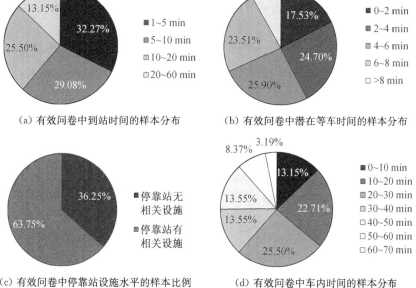

69

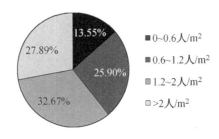

(e) 有效问卷中车内拥挤度的样本分布

图 5-3　有效问卷中出行特征的样本比例分布

有效问卷中,乘客到站时间介于 1～60 min,将其分为 1～5 min、5～10 min、10～20 min、20～60 min 4 个区间。由图 5-3(a)可见,到站时间介于 1～5 min 的比例最高,约为 32%,小于 10 min 的占 60%多,大于 20 min 的约占 13%。一般到站时间小于 20 min 时,乘客步行到站。到站时间大于 20 min 时,乘客换乘到达候车停靠站。因此,调查的乘客中,步行到站的比例达 87%,换乘到站的仅 13%。乘客潜在等车时间,即计划等车时间与平均等车时间的差,按 2 min 划分区间,各区间的样本比例如图 5-3(b)所示。潜在等车时间大多小于 8 min,约占 92%,说明调查线路的公交服务比较可靠,乘客印象中的最长等车时间最多仅比平均等车时间长 8 min,这在某种程度上是由于设置公交专用道使得公交车运行速度有所提高所致。有效问卷中,候车停靠站有座椅、遮挡物和实时到站信息等相关设施的约 64%,没有这些设施的约 36%,如图 5-3(c)所示。按 10 min 划分车内时间,各区间的样本比例如图 5-3(d)所示,小于 30 min 的车内时间占 60%多,小于 60 min 的近 97%。将车内拥挤度分为 4 种,分别为小于 0.6 人/m²、0.6～1.2 人/m²、1.2～2 人/m² 和大于 2 人/m²。调查时强调样本要覆盖不同拥挤度,所以比例分布比较均匀,各区间比例分别为 13.55%、25.90%、32.67% 和 27.89%,如图 5-3(e)所示。

5.5　乘客满意度特性分析

本节将定性分析有效问卷中,乘客个人属性和出行特征的乘客满意度特性,即对于每一因素,分别计算其不同类别的非常满意、满意、不满意和非常不满意的比例,并进行分析。例如,对于性别,分别计算男性和女性的 4 种满意级别的比例;对于到站时间,分别计算 1～5 min、5～10 min、10～20 min 和 20～60 min 的 4 种满意级别的比例。为了便于分析,将非常满意和满意的比例之和称为满意程度,即各图中从下往上前两个柱之和。

1) 乘客个人属性的乘客满意度特性

男性和女性的乘客满意度特性如图 5-4 所示,男性和女性的满意程度差别不大,女性略高一些,但女性非常满意的比例明显高于男性。说明女性的容忍度较男性好,面对同样的公交服务,女性更容易满意。

各年龄段的乘客满意度特性如图 5-5 所示,随着年龄段的增加,满意程度呈现先上升后下降的趋势,40～49 岁乘客的满意程度最高。随着年龄段的增加,非常满意的比例逐步上升,老年人非常满意的比例最高。老年人虽然年纪大、体力稍差,但是没有工作压力,出行时心情放松,尤其对比与过去的常规公交服务,对目前的公交专用道运行服务非常满意。总体来说,年龄越大,人的容忍度越好,越容易满意于当前的公交服务。

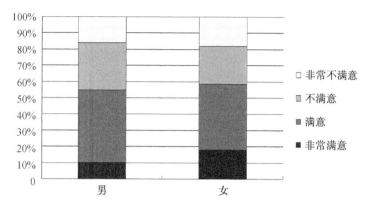

图 5-4　不同性别的乘客满意度特性

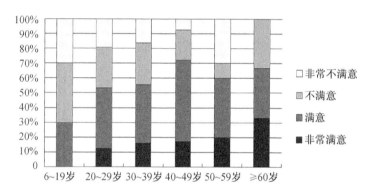

图 5-5　不同年龄的乘客满意度特性

不同受教育程度的乘客满意度特性如图 5-6 所示,满意程度随着受教育程度的提高明显地下降,初中生及以下的满意程度达 95%,而硕士生的仅为 30% 多。相应地,随着受教育程度的提高,不满意程度逐步上升。受教育程度提高后,工作和生活环境相对优越,对于公交服务的期望也相应地提高,面对相同的公交服务,更容易不满意。

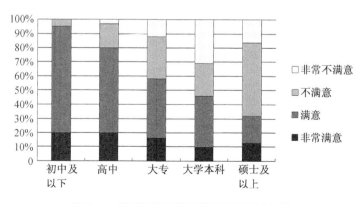

图 5-6　不同受教育程度的乘客满意度特性

不同职业的乘客满意度特性如图5-7所示,不同职业中,家务人员的满意程度最高,其次是个体、公司职员、公务员和教师,学生的满意程度最低。学生的满意程度最低可能是因为学生还未经历社会历练而不懂艰辛,对于公交服务质量的要求较高,也可能是调查偏差所致。

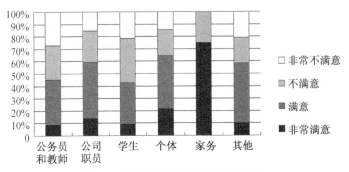

图 5-7　不同职业的乘客满意度特性

不同出行目的乘客满意度特性如图5-8所示,公务出行的满意程度最高,工作出行包括上班、公务、返程的满意程度高于购物访友等娱乐出行的。工作出行时,人们更关注是否可准时到达目的地,对于其他方面如舒适性关注的较少,而娱乐出行者却非常关注出行的舒适性。公交专用道运行服务由于专有的路权可在一定程度保证出行的准时性,因此导致面对相同的服务,工作出行者更容易满意。

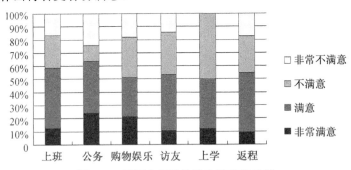

图 5-8　不同出行目的乘客满意度特性

有无私家车的乘客满意度特性如图5-9所示。正如所预料的,没有私家车乘客的满意程度显著地高于有私家车乘客的。没有私家车乘客的满意程度达60%,而有私家车乘客的满意程度为20%多。

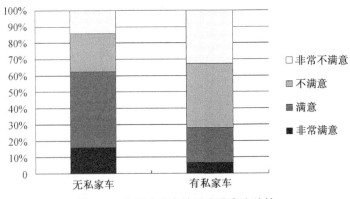

图 5-9　有无私家车的乘客满意度特性

2) 出行特征的乘客满意度特性

不同到站时间的乘客满意度特性如图 5-10 所示,随着乘客到站时间的增加,满意程度明显下降,相应地,不满意程度上升。当乘客的到站时间介于 1～5 min 时,满意程度接近 80%,而当其大于 20 min 时,满意程度不到 20%。当到站时间大于 10 min 时,乘客几乎不会觉得非常满意。

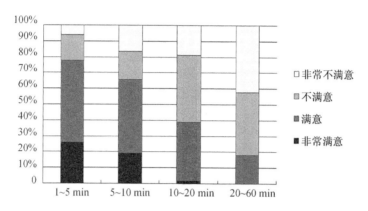

图 5-10 不同到站时间的乘客满意度特性

不同潜在等车时间的乘客满意度特性如图 5-11 所示,乘客的潜在等车时间变动不大,大多小于 8 min,因此不同区间的满意程度差别不大,没发现特别的变化趋势。当潜在等车时间介于 2～4 min 时,满意程度稍高一些。

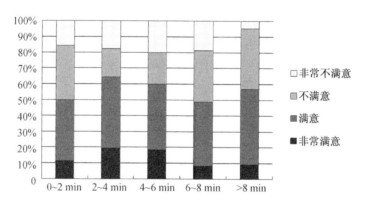

图 5-11 不同潜在等车时间的乘客满意度特性

候车停靠站有无座椅、遮挡物和实时到站信息等相关设施的乘客满意度特性如图 5-12 所示,当停靠站有这些设施时,满意程度为 70% 多,没有这些设施时,满意程度约为 27%。说明配备座椅、遮挡物和实时到站信息等设施可明显提高乘客对于公交服务的满意程度。

不同车内时间的乘客满意度特性如图 5-13 所示,与到站时间类似,随着车内时间的增加,满意程度明显下降。当乘客的车内时间小于 10 min 时,满意程度接近 95%;当车内时间介于 40～50 min 时,满意程度仅为 10%;当车内时间大于 50 min 时,乘客不再觉得满意;当车内时间大于 60 min 时,乘客唯一的感受就是非常不满意。

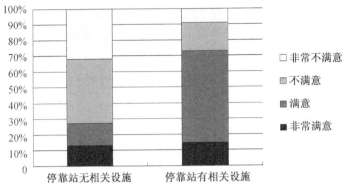

图 5-12 停靠站设施水平的乘客满意度特性

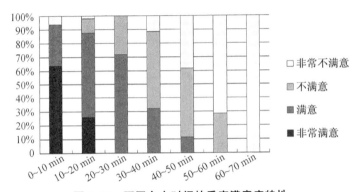

图 5-13 不同车内时间的乘客满意度特性

不同车内拥挤度的乘客满意度特性如图 5-14 所示,当车内拥挤度即单位面积的乘客数小于 0.6 时,满意程度约为 76%;当车内拥挤度介于 0.6~1.2 时,满意程度约为 52%;当它介于 1.2~2 时,满意程度稍有上升,为 57%;之后又下降为 48%。因此,总体上随着车内拥挤度的增加,满意程度呈现下降趋势。

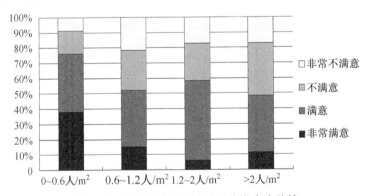

图 5-14 不同车内拥挤度的乘客满意度特性

5.6 乘客满意度差异性检验

本节将定量分析乘客个人属性和出行特征对乘客满意度有无显著影响,即检验每一因素不同类别的乘客满意度有无显著差异。对于性别、有无私家车和停靠站设施水平等两类别因素采用T检验进行。对于其他多类别因素,首先采用单因素方差分析(One-way Anova)检验乘客满意度有无显著差异,然后采用Duncan检验进一步分析具体的类别差异。

5.6.1 差异性检验方法

1) T检验的检验方法及分析方法

T检验用来比较两样本的均数有无显著差异,其用T分布理论来推导差异发生的概率。本书采用SAS软件进行T检验,SAS语句为[120](以检验性别的乘客满意度差异性为例):

Data genpse;(定义数据集genpse)
Input gender pse;(定义变量gender——性别和pse——乘客满意度)
Cards;(Cards以下为数据体)
;(数据体结束)
Proc ttext;(运行T检验)
Class gender;(指定性别为分类变量)
Var pse;(指定乘客满意度为待分析变量)
Run;(运行)

输出结果如表5-1所示。

T检验SAS输出结果的分析方法为(一般以0.05作为置信水平):首先判别方差齐性。即如果方差齐性检验中的P值小于0.05,则拒绝原假设,方差不齐,否则方差齐。然后判别T检验有无显著差异。如果方差齐,则采用"齐"的T检验P值来判别有无显著差异;如果方差不齐,则采用"不齐"的T检验P值来判别有无显著差异。判别方法为:如果该P值小于0.05,则检验结果为有显著差异,否则,没有显著差异。

对于本例来说,方差齐性检验中的P值为0.2048,因此方差齐。应该采用"齐"的P值0.4200来判别男性和女性的乘客满意度有无显著差异,0.4200>0.05,因此男性和女性的乘客满意度没有显著差异。

表5-1 性别的T检验输出结果

性别	样本数	乘客满意度均值	乘客满意度标准差	标准误
男性	119	2.51	0.88	0.08
女性	132	2.42	0.98	0.09
方差	T	自由度	P值	
不齐	0.81	249	0.4172	
齐	0.81	249	0.4200	

方差齐性检验原假设:方差齐。$F=1.26$,自由度$=(131, 118)$,$P=0.2048$

2) 单因素方差分析的检验方法及分析方法

单因素方差分析用来比较多样本的均数有无显著差异。本书采用SAS软件进行单因素方差分析,SAS语句为[120](以检验不同受教育程度的乘客满意度差异性为例):

Data edupse;(定义数据集 edupse)
Input edu pse;(定义变量 edu——受教育程度和 pse——乘客满意度)
Cards;(Cards 以下为数据体)
;(数据体结束)
Proc Anova;(运行方差分析)
Class edu;(指定受教育程度为分类变量)
Model pse=edu;(指定分析受教育程度对乘客满意度的影响)
Means edu/Duncan;(指定对不同受教育程度进行 Duncan 检验)
Run;(运行)

Duncan 检验的结果如表 5-2 所示。

单因素方差分析 SAS 输出结果的分析方法为(一般以 0.05 作为置信水平):如果输出的 P 值小于 0.05,检验结果为有显著差异;如果输出的 P 值稍大于 0.05,但 Duncan 检验发现存在有差异的类别,检验结果亦为有差异;否则,没有显著差异。当有显著差异时,用 Duncan 检验来判别具体的类别差异。Duncan 检验的分析方法为:对于任意两类别,如果没有相同字母,则它们之间有显著差异,否则,没有显著差异。将任意两类别均进行分析,即可得出任意类别间的差异性。

对于本例来说,类别 1 和类别 2,有相同字母 C,故它们之间没有显著差异;类别 1 和类别 3 没有相同字母,故它们之间有显著差异。因此,本例的 Duncan 检验结果为类别 1 与类别 3、类别 4、类别 5 有显著差异,类别 2 和类别 4、类别 5 有显著差异。

表 5-2 不同受教育程度的 Duncan 检验结果

Duncan 分组	乘客满意度均值	样本数	受教育程度类别
A	2.75	91	5(硕士及以上)
A	2.71	31	4(大学本科)
B A	2.38	74	3(大专)
B C	2.03	35	2(高中)
C	1.85	20	1(初中及以下)

5.6.2 差异性检验结果

乘客满意度分为非常满意、满意、不满意和非常不满意 4 个级别,分别以 1 表示非常满意、2 表示满意、3 表示不满意、4 表示非常不满意。乘客满意度均值是指非常满意、满意、不满意和非常不满意 4 个级别的平均值。乘客满意度均值越高,乘客的满意程度越低,反之亦然。

1) T 检验结果

性别、有无私家车、停靠站设施水平的 T 检验结果如表 5-3 所示。对于性别,方差齐,所以采用方差齐的 P 值来判别有无显著差异。方差齐的 P 值为 0.420 0,其大于 0.05,因此,男性和女性的乘客满意度没有显著差异,即性别对乘客满意度没有显著影响。对于有无私家车,方差齐,方差齐的 P 值为 0.000 1,小于 0.05,因此,有私家车和没有私家车的乘客满意度有显著差异,即有无私家车对乘客满意度有显著影响。同理,停靠站设施水平即候车停靠站有无座椅、遮挡物、实时到站信息等设施对乘客满意度有显著影响。

表 5-3　性别、有无私家车、停靠站设施水平的 T 检验结果

因素	类别	样本数	乘客满意度均值	乘客满意度标准差	标准误	方差齐性		P 值
性别	男性	119	2.51	0.88	0.08	齐	方差不齐	0.417 2
	女性	132	2.41	0.98	0.09		方差齐	0.420 0
有无私家车	无私家车	208	2.36	0.91	0.06	齐	方差不齐	0.000 1
	有私家车	43	2.98	0.91	0.14		方差齐	0.000 1
停靠站设施水平	无相关设施	91	2.91	0.99	0.10	不齐	方差不齐	0.000 1
	有相关设施	160	2.21	0.80	0.06		方差齐	0.000 0

2）单因素方差分析结果

年龄、受教育程度、职业、出行目的、到站时间、潜在等车时间、车内时间、车内拥挤度的单因素方差分析结果如表 5-4～表 5-11 所示，表中显示了各因素不同类别的乘客满意度均值、F 值、P 值及 Duncan 检验结果。Duncan 检验结果单元格指出了有显著差异的类别，以年龄为例，Duncan 检验结果为 (1, 4 6)，意思是类别 1 和类别 4、类别 6 的乘客满意度有显著差异。

年龄的单因素方差分析结果如表 5-4 所示。P 值为 0.049 2，小于 0.05，说明不同年龄段的乘客满意度有显著差异。Duncan 检验发现 6～19 岁和 40～49 岁、60 岁以上乘客的乘客满意度有显著差异。因此，年龄对乘客满意度有显著影响。

表 5-4　年龄的单因素方差分析结果

年龄	6～19岁 1	20～29岁 2	30～39岁 3	40～49岁 4	50～59岁 5	≥60岁 6	F 值	P 值	Duncan 检验
乘客满意度均值	3.00	2.53	2.44	2.17	2.50	2.00	3.88	0.049 2	(1, 4 6)

受教育程度的单因素方差分析结果如表 5-5 所示。P 值为 0.000 1，小于 0.05，说明不同受教育程度的乘客满意度有显著差异。从 Duncan 检验结果可以看出，初中及以下与大专、大学本科、硕士及以上的乘客满意度有显著差异，高中与大学本科、硕士及以上的乘客满意度有显著差异。因此，受教育程度对乘客满意度有显著影响。

表 5-5　受教育程度的单因素方差分析结果

受教育程度	初中及以下 1	高中 2	大专 3	大学本科 4	硕士及以上 5	F 值	P 值	Duncan 检验
乘客满意度均值	1.85	2.03	2.38	2.75	2.71	7.48	0.000 1	(1, 3 4 5) (2, 4 5)

职业的单因素方差分析结果如表 5-6 所示。P 值为 0.112 4,大于 0.05,所以按照 0.05 的置信水平,不同职业的乘客满意度没有显著差异。但 P 值不是很大,Duncan 检验发现,家务人员的乘客满意度和其他类别的有显著差异。因此,职业对乘客满意度有一定程度的影响。

表 5-6　职业的单因素方差分析结果

职业	公务员和教师 1	公司职员 2	学生 3	个体 4	家务 5	其他 6	F 值	P 值	Duncan 检验
乘客满意度均值	2.73	2.42	2.69	2.29	1.50	2.51	1.81	0.112 4	(5,1 2 3 4 6)

出行目的单因素方差分析结果如表 5-7 所示。P 值为 0.974 5,显著大于 0.05,因此,不同出行目的包括上班、公务、购物娱乐、访友等的乘客满意度没有显著差异。Duncan 检验也发现不存在有差异的类别。因此,出行目的对乘客满意度没有显著影响。

表 5-7　出行目的单因素方差分析结果

出行目的	上班 1	公务 2	购物娱乐 3	访友 4	上学 5	返程 6	F 值	P 值	Duncan 检验
乘客满意度均值	2.45	2.36	2.45	2.50	2.38	2.53	0.17	0.974 5	

到站时间的单因素方差分析结果如表 5-8 所示。P 值为 0.000 1,小于 0.05,所以不同到站时间的乘客满意度有显著差异。从 Duncan 检验可以看出,到站时间介于 1～5 min 的乘客满意度与到站时间大于 10 min 的有显著差异;到站时间介于 5～10 min 的乘客满意度与大于 10 min 的有显著差异;到站时间介于 10～20 min 的乘客满意度与大于 20 min 的有显著差异;仅 1～5 min 和 5～10 min 的乘客满意度没有显著差异。因此,到站时间对乘客满意度有显著影响。

表 5-8　到站时间的单因素方差分析结果

到站时间	1～5 min 1	5～10 min 2	10～20 min 3	20～60 min 4	F 值	P 值	Duncan 检验
乘客满意度均值	2.02	2.31	2.78	3.24	20.36	0.000 1	(1,3 4) (2,3 4) (3,4)

潜在等车时间的单因素方差分析结果如表 5-9 所示。P 值为 0.152 7,大于 0.05,说明不同潜在等车时间的乘客满意度没有显著差异。Duncan 检验也发现不存在有差异的类别。但是潜在等车时间应该对乘客满意度有影响,出现以上结果可能因为划分区间的间隔太小,难以体现出类别间的差异。重新以 4 min 为界将潜在等车时间分为小于 4 min 和大于 4 min 两类,采用 T 检验重新分析后发现,潜在等车时间对乘客满意度有显著影响。

表 5-9　潜在等车时间的单因素方差分析结果

潜在等车时间	0～2 min 1	2～4 min 2	4～6 min 3	6～8 min 4	>8 min 5	F 值	P 值	Duncan 检验
乘客满意度均值	2.55	2.34	2.42	2.61	2.38	1.80	0.152 7	

车内时间的单因素方差分析结果如表 5-10 所示。P 值为 0.000 1，所以不同车内时间的乘客满意度有显著差异。从 Duncan 检验结果可以看出，除 50～60 min 和 60～70 min 的乘客满意度没有显著差异外，其他类别之间的乘客满意度均有显著差异。因此，车内时间对乘客满意度有显著影响。

表 5-10　车内时间的单因素方差分析结果

车内时间	0～10 min 1	10～20 min 2	20～30 min 3	30～40 min 4	40～50 min 5	50～60 min 6	60～70 min 7	F 值	P 值	Duncan 检验
乘客满意度均值	1.48	1.87	2.28	2.79	3.26	3.71	4.00	59.16	0.000 1	(1, 2 3 4 5 6 7) (2, 3 4 5 6 7) (3, 4 5 6 7) (4, 5 6 7) (5, 6 7)

车内拥挤度的单因素方差分析结果如表 5-11 所示。P 值为 0.006 2，小于 0.05，故不同车内拥挤度的乘客满意度有显著差异。Duncan 检验发现，车内拥挤度小于 0.6 时的乘客满意度与其他类别的有显著差异。因此，车内拥挤度对乘客满意度有显著影响。

表 5-11　车内拥挤度的单因素方差分析结果

车内拥挤度（人/m²）	0～0.6 1	0.6～1.2 2	1.2～2 3	>2 4	F 值	P 值	Duncan 检验
乘客满意度均值	1.94	2.54	2.52	2.57	4.23	0.006 2	(1, 2 3 4)

5.7　本章小结

本章介绍了公交专用道乘客满意度问卷调查的问卷设计、调查概况及调查数据的分析方法；针对有效问卷，进行了样本特性分析，即对乘客个人属性和出行特征不同类别的样本比例进行分析；然后进行了乘客满意度特性分析，即对乘客个人属性和出行特征不同类别的 4 种乘客满意度级别比例进行分析；为了定量分析乘客个人属性和出行特征对乘客满意度有无显著影响，采用 T 检验和单因素方差分析进行了乘客满意度差异性检验，检验发现：对于常州公交专用道问卷调查回收的有效问卷，年龄、受教育程度、有无私家车、到站时间、潜在等车时间、停靠站设施水平、车内时间和车内拥挤度对公交专用道的乘客满意度有显著影响。

第六章 乘客满意度估计模型研究

本章旨在构建公交专用道乘客满意度估计模型,反应变量为乘客满意度,其有非常满意、满意、不满意、非常不满意 4 个级别。考虑到反应变量为多分类变量,且类别之间有序次关系,本书采用有序 Logistic 回归模型(也称累积 Logistic 回归模型)来研究乘客满意度估计模型。

6.1 有序 Logistic 回归模型

6.1.1 有序 Logistic 回归模型的定义

以 y 表示反应变量,假设反应变量有 J 种类别,分别以 $1,2,\cdots,J$ 表示反应变量的 J 种类别,则 y 的取值为 $y=1,y=2,\cdots,y=J$。以 x_k 表示第 k 个解释变量,β_k 表示 x_k 的系数,$k=1,2,\cdots,K$,其中,K 表示解释变量的总数。类比于线性回归模型,y 与 x_k 之间的关系应该是 $y=a+\sum_{k=1}^{K}\beta_k x_k+\varepsilon$。但因为 y 为分类变量,引入一个连续型反应变量 y^*,将 y^* 作为建立 y 与 x_k 关系的"桥梁"。

y^* 与 x_k 之间存在线性关系:

$$y^* = a + \sum_{k=1}^{K}\beta_k x_k + \varepsilon \tag{6-1}$$

式中,y^* 表示观测现象的内在趋势,不能被直接观测;ε 为误差项。

y 有 J 种类别,则有 $J-1$ 个分界点将相邻类别分开,以 $\mu_1,\mu_2,\cdots,\mu_{J-1}$ 表示分界点,其中 $\mu_1<\mu_2<\cdots<\mu_{J-1}$,且通常规定 $\mu_1=0$。如果 $y^*\leqslant\mu_1$,则 $y=1$;如果 $\mu_1<y^*\leqslant\mu_2$,则 $y=2$;…;如果 $y^*>\mu_{J-1}$,则 $y=J$[121]。

根据 y^* 与 y 之间的关系,$y\leqslant j$ 的累积概率 $P(y\leqslant j)$ $(j=1,2,\cdots,J-1)$ 为:

$$\begin{aligned}P(y\leqslant j) &= P(y^*\leqslant\mu_j) = P\Big(a+\sum_{k=1}^{K}\beta_k x_k+\varepsilon\leqslant\mu_j\Big)\\&= P\Big[\varepsilon\leqslant\mu_j-\Big(a+\sum_{k=1}^{K}\beta_k x_k\Big)\Big]\\&= F\Big[\mu_j-\Big(a+\sum_{k=1}^{K}\beta_k x_k\Big)\Big]\\&= F\Big(\beta_{0j}-\sum_{k=1}^{K}\beta_k x_k\Big)\end{aligned} \tag{6-2}$$

式中,F 为 ε 的累积分布函数。

让 ε 服从 Logistic 分布,Logistic 函数为 $g(x) = \dfrac{1}{1+e^{-x}}$,因此,$F\left(\beta_{0j} - \sum\limits_{k=1}^{K}\beta_k x_k\right)$ 为:

$$F\left(\beta_{0j} - \sum_{k=1}^{K}\beta_k x_k\right) = \dfrac{1}{1+e^{-\left(\beta_{0j} - \sum\limits_{k=1}^{K}\beta_k x_k\right)}} \tag{6-3}$$

将式(6-3)代入式(6-2),有:

$$P(y \leqslant j) = \dfrac{1}{1+e^{-\left(\beta_{0j} - \sum\limits_{k=1}^{K}\beta_k x_k\right)}} = \dfrac{e^{\beta_{0j} - \sum\limits_{k=1}^{K}\beta_k x_k}}{1+e^{\beta_{0j} - \sum\limits_{k=1}^{K}\beta_k x_k}} \tag{6-4}$$

$$1 - P(y \leqslant j) = \dfrac{1}{1+e^{\beta_{0j} - \sum\limits_{k=1}^{K}\beta_k x_k}} \tag{6-5}$$

将 $\dfrac{P(y \leqslant j)}{1-P(y \leqslant j)}$ 称为累积发生比,根据式(6-4)和式(6-5),有:

$$\dfrac{P(y \leqslant j)}{1-P(y \leqslant j)} = e^{\beta_{0j} - \sum\limits_{k=1}^{K}\beta_k x_k} \tag{6-6}$$

将式(6-6)两边取自然对数,得到有序 Logistic 回归模型的定义[121-124]:

$$\ln \dfrac{P(y \leqslant j)}{1-P(y \leqslant j)} = \beta_{0j} - \sum_{k=1}^{K}\beta_k x_k \tag{6-7}$$

式中,$\ln \dfrac{P(y \leqslant j)}{1-P(y \leqslant j)}$ 称为累积对数发生比,$j = 1, 2, \cdots, J-1$,即共有 $J-1$ 个方程;β_{0j} 表示截距,为待估计参数;β_k 表示 x_k 的系数,为待估计参数,$k = 1, 2, \cdots, K$。

有序 Logistic 回归的反应变量与解释变量之间是非线性关系,累积对数发生比与解释变量之间是线性关系。

求出有序 Logistic 回归模型的未知参数 β_{0j} 和 β_k 后,根据式(6-4)可求出累积概率。属于特定类别的概率 $P(y=j)$ 便可根据累积概率求出,将 $P(y=j)$ 简称为 P_j,则:

$$\begin{cases} P_1 = P(y \leqslant 1) \\ P_2 = P(y \leqslant 2) - P(y \leqslant 1) \\ \cdots \\ P_j = 1 - P(y \leqslant J-1) \\ P_1 + P_2 + \cdots + P_j = 1 \end{cases} \tag{6-8}$$

6.1.2 有序 Logistic 回归模型的参数估计

有序 Logistic 回归模型采用极大似然估计法来估计参数 β_{0j} 和 β_k 的值。首先建立似然函数,该函数将观测数据的概率表达为未知参数的函数。然后选择能使似然函数达到最大的参数估计值,即由似然函数的自然对数对参数 β_{0j} 和 β_k 求偏导数,并令偏导数等于零[121]。最大似然估计法通过迭代完成,迭代程序已置于有序 Logistic 回归软件中。

6.1.3 有序 Logistic 回归模型的评价

有序 Logistic 回归模型进行参数估计后,要对模型进行评价,包括成比例发生比假设检验、拟合优度、模型预测准确性、模型 χ^2 统计(model chi-square statistic)和回归系数显著性检验[121]。

有序 Logistic 回归模型中,对于 $J-1$ 个累积对数发生比,各有一个不同的 β_{0j} 估计值,然而对所有累积对数发生比,变量 x_k 却有相同的 β_k 估计值。即对于一个连续型解释变量 x_k,不同累积对数发生比的回归线互相平行,只是截距有所差别,这一条件被称为成比例发生比假设(proportional odds assumption)。构建有序 Logistic 回归模型首要对这一假设条件进行检验,如果这一假设条件被拒绝,说明该模型不适用。用 SAS 软件运行有序 Logistic 回归时,成比例发生比假设检验可默认输出。如果输出的 P 值大于 0.05,不能拒绝原假设,即成比例发生比假设不能被拒绝,说明有序 Logistic 回归模型适用[125]。

拟合优度即模型匹配观测数据的程度,可通过皮尔逊卡方(pearson χ^2)、偏差(Deviation)、Hosmer-Lemeshow 拟合优度指标和信息测量指标(information measures)进行评价。但当模型中涉及连续型解释变量时,皮尔逊卡方和偏差不再适合。很多版本的 SAS 软件不为有序 Logistic 回归模型提供 Hosmer-Lemeshow 指标。信息测量指标可用来比较不同模型的拟合优度,常用的信息测量指标有 AIC 和 SC。在其他条件相同时,AIC 和 SC 越小,模型拟合越好。用 SAS 软件运行有序 Logistic 回归时,AIC 和 SC 默认输出。

可用序次相关指标(rank correlation index)对有序 Logistic 回归模型的预测准确性进行评价。序次相关指标建立在模型预测概率和观测的反应变量之间的关联基础上,指标值越高,表明二者之间的关联越紧密,模型的预测准确性越高。SAS 软件能默认输出的序次相关指标有 Gamma,Somers'D,Tau-a 和 C。

模型 χ^2 统计是检验有序 Logistic 回归模型中所包含的解释变量是否对反应变量有显著的解释能力,即所得模型是否比零假设模型好,与多元线性回归模型中的 F 检验十分类似。SAS 软件可默认进行模型 χ^2 统计,如果输出的 P 值小于 0.05,说明模型 χ^2 的统计性显著,即模型中所包含的解释变量对反应变量有显著的解释能力。

回归系数显著性检验是检验一个解释变量是否与反应变量显著相关,即判别解释变量是否应该纳入有序 Logistic 回归模型中。通常用 Wald 检验对有序 Logistic 回归系数进行显著性检验。SAS 软件可默认输出每个解释变量系数的 Wald χ^2 值和对应的 P 值。如果 Wald χ^2 值大于 3.841 或者 P 值小于 0.05,则解释变量与反应变量显著相关,应该纳入回归模型[125-128]。

6.2 乘客满意度估计模型的构建方法

公交专用道乘客满意度估计模型的构建方法为:首先确定构建乘客满意度估计模型要

考虑的因素;进行乘客满意度问卷调查以获取建模所需数据;根据有序 Logistic 回归方法的定义确定模型的拟定形式;基于调查数据实施建模。

正如 2.4.2 节所述,乘客满意度受乘客出行特征和乘客个人属性等众多因素的影响,考虑到因素的易获得性,选取到站时间、潜在等车时间、停靠站设施水平、车内时间、车内拥挤度、性别、年龄、受教育程度、职业、出行目的、有无私家车作为拟定解释变量构建乘客满意度估计模型。对于解释变量的选取亦可酌情选取更多的因素。

为了构建乘客满意度估计模型,需进行乘客满意度问卷调查。对于本书而言,在常州公交专用道上进行了乘客满意度问卷调查,基于该调查回收的数据建立乘客满意度估计模型。

根据有序 Logistic 回归方法的定义,乘客满意度估计模型的拟定形式为 $\ln \frac{P(y \leqslant j)}{1-P(y \leqslant j)} = \beta_{0j} - \sum_{k=1}^{K} \beta_k x_k$,其中,$x_k$ 表示到站时间、潜在等车时间、停靠站设施水平、有无私家车等解释变量;K 表示解释变量的总数;β_k 表示 x_k 的系数;β_{0j} 表示截距。

实施建模阶段,首先建立乘客满意度与全部解释变量的有序 Logistic 回归模型,分析每个变量与乘客满意度的相关性,逐个剔除与乘客满意度不显著相关的解释变量,直到模型中所包含的解释变量均与乘客满意度显著相关,即为所要建立的乘客满意度估计模型。具体过程如图 6-1 所示。

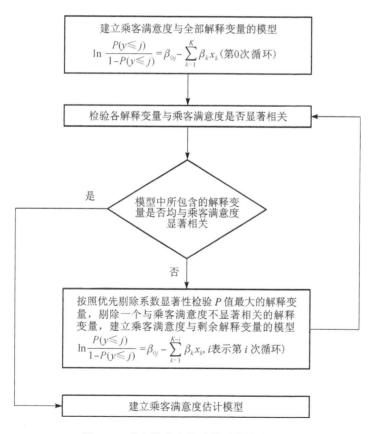

图 6-1 乘客满意度估计模型的构建方法

6.3 乘客满意度的有序 Logistic 回归模型

本书以常州公交专用道乘客满意度问卷调查回收的有效样本为数据支持,按照 6.2 节所述的方法来构建公交专用道的乘客满意度估计模型。

6.3.1 建模准备

构建乘客满意度估计模型拟定的解释变量有乘客出行特征和乘客个人属性,出行特征包括到站时间、潜在等车时间、停靠站设施水平、车内时间、车内拥挤度;乘客个人属性包括性别、年龄、受教育程度、职业、出行目的、有无私家车。其中,到站时间、潜在等车时间、车内时间、车内拥挤度为连续型变量;停靠站设施水平、性别、有无私家车为二分类变量;年龄、受教育程度、职业、出行目的为多分类变量。对于停靠站设施水平,以 1 表示候车停靠站有座椅、遮挡物、实时到站信息等设施,0 表示候车停靠站没有这些设施。对于性别,以 1 表示女性,0 表示男性。对于有无私家车,以 1 表示有,0 表示没有。

考虑到变量太多不利于建模,且多分类变量某些类别的乘客满意度差异不显著,本章将多分类变量调查时所分的类别进行适当合并,重新分类以便于建模。对于年龄,调查时分为 6~19 岁、20~29 岁、30~39 岁、40~49 岁、50~59 岁和大于 60 岁 6 类。乘客满意度差异性检验发现,6~19 岁和 40~49 岁、大于 60 岁的乘客满意度有显著差异。因此,本章将年龄重新分为 6~29 岁、30~39 岁、40~59 岁和大于 60 岁 4 类。对于受教育程度,调查时分为初中及以下、高中、大专、大学本科、硕士及以上 5 类。乘客满意度差异性检验发现,初中及以下与高中的乘客满意度没有显著差异。因此,本章将其合并,受教育程度被重新分为高中及以下、大专、大学本科、硕士及以上 4 类。职业调查时被分为公务员和教师、公司职员、学生、个体、家务和其他 6 类。回收的有效问卷中,家务的样本比例很低,仅占 1.59%,本章将其归入其他类别,重点研究公务员和教师、公司职员、学生和个体的乘客满意度。出行目的调查时被分为上班、公务、购物娱乐、访友、上学和返程,本章将上班、公务、上学和返程合并,购物娱乐和访友合并,分为工作出行和娱乐出行 2 类。出行目的变为二分类变量,以 1 表示娱乐出行,0 表示工作出行。

建模时对于多分类变量的处理方法为设置哑变量(也称虚拟变量),如果一个多分类变量有 m 个类别,则需要建立 $m-1$ 个哑变量,被省略的类别称为参照类,一般把样本数最多的类别作为参照类[121, 129-130]。作以上处理的原因是当引入 m 个变量时,回归方程将没有唯一解。由穷举与互斥原则规定,知道 $m-1$ 个变量的值,就可推出第 m 个变量的值[130]。参照类虽然无法引入回归方程,但在解释结果时却非常重要,它被作为其他变量与之比较的基础。

对于年龄,设置 3 个哑变量,age1(30~39 岁)、age2(40~59 岁)和 age3(>60 岁),6~29 岁作为参照类。如果一个乘客的年龄处于 6~29 岁,则 age1=age2=age3=0。对于受教育程度,设置 3 个哑变量,edu1(高中及以下)、edu2(大专)、edu3(硕士及以上),本科为参照类。如果一个乘客的受教育程度为本科,则 edu1=edu2=edu3=0。对于职业,设置 4 个哑变量,ocu1(公务员和教师)、ocu2(学生)、ocu3(个体)、ocu4(其他),公司职员为参照类。如果一个乘客的职业为公司职员,则 ocu1=ocu2=ocu3=ocu4=0。哑变量的含义及取值如表 6-1 所示。

表 6-1 乘客满意度估计模型的哑变量名称、含义及取值

哑变量	含义	取值
age1	乘客的年龄处于 30～39 岁	如果是,则 age1=1,否则 age1=0
age2	乘客的年龄处于 40～59 岁	如果是,则 age2=1,否则 age2=0
age3	乘客的年龄大于 60 岁	如果是,则 age3=1,否则 age3=0
edu1	乘客受教育程度为高中及以下	如果是,则 edu1=1,否则 edu1=0
edu2	乘客受教育程度为大专	如果是,则 edu2=1,否则 edu2=0
edu3	乘客受教育程度为硕士及以上	如果是,则 edu3=1,否则 edu3=0
ocu1	乘客职业为公务员和教师	如果是,则 ocu1=1,否则 ocu1=0
ocu2	乘客职业为学生	如果是,则 ocu2=1,否则 ocu2=0
ocu3	乘客职业为个体	如果是,则 ocu3=1,否则 ocu3=0
ocu4	乘客职业为其他	如果是,则 ocu4=1,否则 ocu4=0

根据上述对多分类变量的处理,构建乘客满意度的有序 Logistic 回归模型时,解释变量有到站时间、潜在等车时间、车内时间、车内拥挤度、停靠站设施水平、性别、有无私家车、出行目的、age1、age2、age3、edu1、edu2、edu3、ocu1、ocu2、ocu3 和 ocu4。反应变量为乘客满意度,有非常满意、满意、不满意、非常不满意 4 个级别,分别以 1 表示非常满意、2 表示满意、3 表示不满意、4 表示非常不满意,因此,反应变量的取值分别为 1、2、3、4。将乘客满意度问卷调查回收的有效样本按照反应变量与解释变量的含义编码后,即可用于有序 Logistic 回归。

采用 SAS 软件进行有序 Logistic 回归,SAS 语句为[120]:
Proc Logistic;(运行 Logistic 回归)
Model 反应变量=解释变量;(指定反应变量和解释变量,并指定建立二者模型)
Output out=xxxx;(指定输出数据集名称)
Predprobs=(i);(指定输出观测数据属于特定类别的概率)
Proc print data= xxxx;(打印输出数据集)
Run;

SAS 软件按照 $\ln \dfrac{P(y \leqslant j)}{1-P(y \leqslant j)} = \beta_{0j} + \sum\limits_{k=1}^{K} \beta_k x_k$ 建模,因此,公交专用道乘客满意度有序 Logistic 回归模型的拟定形式为:

$$\begin{cases} \ln \dfrac{P_1}{P_2+P_3+P_4} = \beta_{01} + \sum\limits_{k=1}^{18} \beta_k x_k \\ \ln \dfrac{P_1+P_2}{P_3+P_4} = \beta_{02} + \sum\limits_{k=1}^{18} \beta_k x_k \\ \ln \dfrac{P_1+P_2+P_3}{P_4} = \beta_{03} + \sum\limits_{k=1}^{18} \beta_k x_k \end{cases} \quad (6-9)$$

式中，P_1 表示乘客满意度为非常满意的概率；P_2 表示乘客满意度为满意的概率；P_3 表示乘客满意度为不满意的概率；P_4 表示乘客满意度为非常不满意的概率；x_k 表示到站时间、潜在等车时间、车内时间、车内拥挤度、停靠站设施水平、性别、有无私家车、出行目的、age1、age2、age3、edu1、edu2、edu3、ocu1、ocu2、ocu3 和 ocu4，$k=1,2,\cdots,18$；β_{01}、β_{02}、β_{03} 分别表示截距1、截距2和截距3，为待估计参数；β_k 表示 x_k 的系数，为待估计参数。

3个累积对数发生比分子为满意程度的概率，如果一个变量使得累积对数发生比增大，则使得满意的概率增加，反之亦然。

6.3.2 模型构建过程

公交专用道乘客满意度估计模型的构建思路是：首先建立乘客满意度与全部解释变量的有序 Logistic 回归模型，然后逐步剔除与乘客满意度不显著相关的解释变量，直到模型中所包含的解释变量均与乘客满意度显著相关，即为本书所要构建的乘客满意度估计模型。

1) 模型1

首先建立乘客满意度与全部解释变量的有序 Logistic 回归模型，称为模型1，输出结果如表6-2所示。成比例发生比假设检验的 P 值为 0.8131，大于 0.05，说明成比例发生比假设不能被拒绝，有序 Logistic 回归模型适合调查数据的建模。模型 χ^2 统计的 P 值为 0.0001，小于 0.05，说明模型1所包含的解释变量对乘客满意度有显著的解释能力，比零假设模型好。到站时间、潜在等车时间、车内时间、edu2 的系数显著性检验 P 值均小于 0.05，说明在 0.05 的置信水平下，这些变量与乘客满意度显著相关，应该纳入到回归模型。车内拥挤度、停靠站设施水平、有无私家车和 age2 的系数显著性检验 P 值基本介于 0.05 和 0.1 之间，如果把置信水平扩大到 0.1，可认为这些变量与乘客满意度显著相关，可以纳入到回归模型中。性别、出行目的、职业（ocu1、ocu2、ocu3 和 ocu4）的系数显著性检验 P 值均明显地大于 0.05，因此这些变量对乘客满意度没有显著影响，应该逐步从回归模型中剔除。

性别的系数为 0.0208，男性为参照类，说明在其他条件相同时，女性乘客会使得各累积对数发生比增大，即女性乘客满意的概率要大于男性乘客。出行目的系数为 -0.1029，工作出行为参照类，说明在其他条件相同时，乘客娱乐出行会使得各累积对数发生比减小，相应地，乘客娱乐出行时满意的概率要小于工作出行，即乘客娱乐出行对公交服务要求更高。职业中，公务员和教师的系数为 -1.0534、学生的系数为 -0.0836、个体的系数为 0.7381、其他职业乘客的系数为 0.2837，公司职员为参照类。说明在其他条件相同时，公务员和教师、学生的满意概率小于公司职员，而个体和其他职业类乘客的满意概率高于公司职员。

表 6-2 乘客满意度与全部解释变量的有序 Logistic 回归输出结果（模型1）

解释变量	系数	Wald χ^2	P 值
截距1	9.0805	43.2492	0.0001
截距2	19.1183	68.3600	0.0001
截距3	26.4766	75.0157	0.0001

续表 6-2

解释变量		系数	Wald χ^2	P 值
到站时间		−0.330 7**	60.786 0	0.000 1
潜在等车时间		−0.622 6**	31.802 3	0.000 1
车内时间		−0.402 5**	76.641 2	0.000 1
车内拥挤度		−0.429 2*	2.596 0	0.100 1
停靠站设施水平	有	0.781 8*	2.708 5	0.099 8
	没有(参照类)			
性别	女性	0.020 8	0.002 8	0.958 1
	男性(参照类)			
有无私家车	有	−0.846 7*	2.441 1	0.098 2
	没有(参照类)			
出行目的	娱乐出行	−0.102 9	0.054 3	0.815 8
	工作出行(参照类)			
年龄	6~29 岁(参照类)			
	age1(30~39 岁)	0.399 4	0.471 2	0.492 4
	age2(40~59 岁)	1.142 5*	3.601 0	0.057 7
	age3(≥60 岁)	2.106 1	1.720 4	0.189 6
受教育程度	edu1(高中及以下)	0.659 5	1.294 8	0.255 2
	edu2(大专)	1.104 6**	4.493 3	0.034 0
	本科(参照类)			
	edu3(硕士及以上)	0.802 1	1.587 8	0.207 6
职业	ocu1(公务员和教师)	−1.053 4	0.511 6	0.474 4
	公司职员(参照类)			
	ocu2(学生)	−0.083 6	0.025 4	0.873 3
	ocu3(个体)	0.738 1	0.926 9	0.335 7
	ocu4(其他)	0.283 7	0.194 8	0.659 0
成比例发生比假设检验		$\chi^2 = 28.387\ 8$,自由度=36,$P=0.813\ 1$		
模型 χ^2 统计		$\chi^2 = 470.977$,自由度=18,$P=0.000\ 1$		
AIC,SC		219.911, 293.862		
Somers'D, Gamma, Tau-a, C		0.662, 0.984, 0.467, 0.831		

注：** 表示在 0.05 的置信水平下显著相关；* 表示在 0.1 的置信水平下显著相关。

2) 模型 2

从模型 1 中剔除性别后，建立乘客满意度与剩余解释变量的有序 Logistic 回归模型，称为模型 2,输出结果如表 6-3 所示。模型 2 的成比例发生比假设成立,模型 χ^2 统计显著,说明有序 Logistic 回归模型适合剔除性别后的数据建模,模型 2 比零假设模型好。系数显著性检验发现在 0.05 的置信水平下,到站时间、潜在等车时间、车内时间及 edu2 与乘客满意度显著相关;在 0.1 的置信水平下,车内拥挤度、停靠站设施水平、有无私家车及 age2 与乘客满意度显著相关;出行目的和职业(ocu1、ocu2、ocu3 和 ocu4)仍然对乘客满意度没有显著影响,应逐步剔除。

表 6-3　乘客满意度与解释变量(剔除性别)的有序 Logistic 回归输出结果(模型 2)

解释变量		系数	Wald χ^2	P 值
截距 1		9.125 4	45.076 4	0.000 1
截距 2		19.197 9	69.926 0	0.000 1
截距 3		26.562 4	76.090 7	0.000 1
到站时间		−0.331 0**	60.803 7	0.000 1
潜在等车时间		−0.627 5**	32.559 4	0.000 1
车内时间		−0.403 4**	76.953 2	0.000 1
车内拥挤度		−0.432 0*	2.645 6	0.100 8
停靠站设施水平	有	0.799 4*	2.837 8	0.092 1
	没有(参照类)			
有无私家车	有	−0.844 1*	2.430 8	0.091 0
	没有(参照类)			
出行目的	娱乐出行	−0.203 5	0.198 0	0.656 4
	工作出行(参照类)			
年龄	6~29 岁(参照类)			
	age1(30~39 岁)	0.363 0	0.392 9	0.530 8
	age2(40~59 岁)	1.121 0*	3.485 8	0.061 9
	age3(≥60 岁)	2.141 4	1.805 7	0.179 0
受教育程度	edu1(高中及以下)	0.666 8	1.367 9	0.242 2
	edu2(大专)	1.115 3**	4.622 8	0.031 6
	本科(参照类)			
	edu3(硕士及以上)	0.810 7	1.636 8	0.200 8
职业	ocu1(公务员和教师)	−1.049 4	0.500 5	0.479 3
	公司职员(参照类)			
	ocu2(学生)	−0.082 9	0.024 9	0.874 6
	ocu3(个体)	0.739 4	0.934 7	0.333 6
	ocu4(其他)	0.275 9	0.184 5	0.667 5

续表 6-3

解释变量	系数	Wald χ^2	P 值
成比例发生比假设检验	$\chi^2=27.4608$,自由度$=34$,$P=0.7788$		
模型 χ^2 统计	$\chi^2=472.566$,自由度$=17$,$P=0.0001$		
AIC,SC	218.051,288.560		
Somers'D,Gamma,Tau-a,C	0.659,0.984,0.465,0.830		

注：**表示在 0.05 的置信水平下显著相关；*表示在 0.1 的置信水平下显著相关。

3) 模型 3

从模型 2 中剔除职业后，建立乘客满意度与剩余解释变量的有序 Logistic 回归模型，称为模型 3，输出结果如表 6-4 所示。模型 3 的成比例发生比假设成立，模型 χ^2 统计显著，说明有序 Logistic 回归模型适合模型 3 数据的建模，模型 3 比零假设模型好。模型 3 中 age2 的系数显著性检验 P 值为 0.0420，说明剔除性别和职业后，age2 与乘客满意度变为在 0.05 的置信水平下显著相关。age3 的系数显著性检验 P 值为 0.0910，说明剔除性别和职业后，age3 与乘客满意度在 0.1 的置信水平下显著相关。到站时间、潜在等车时间、车内时间及 edu2 与乘客满意度仍然在 0.05 的置信水平下显著相关。车内拥挤度、停靠站设施水平和有无私家车与乘客满意度仍然在 0.1 的置信水平下显著相关。出行目的仍然对乘客满意度没有显著影响，应继续剔除。

表 6-4 乘客满意度与解释变量(剔除性别、职业)的有序 Logistic 回归输出结果(模型 3)

解释变量		系数	Wald χ^2	P 值
截距 1		9.0300	45.9974	0.0001
截距 2		18.9857	71.7541	0.0001
截距 3		26.3551	78.0438	0.0001
到站时间		-0.3266**	61.4404	0.0001
潜在等车时间		-0.6108**	31.9581	0.0001
车内时间		-0.4015**	78.7068	0.0001
车内拥挤度		-0.4003*	2.3390	0.1002
停靠站设施水平	有	0.8105*	3.0474	0.0809
	没有(参照类)			
有无私家车	有	-0.8672*	2.6476	0.0937
	没有(参照类)			
出行目的	娱乐出行	-0.2190	0.2382	0.6255
	工作出行(参照类)			
年龄	6～29 岁(参照类)			
	age1(30～39 岁)	0.4288	0.5927	0.4414

续表 6-4

解释变量		系数	Wald χ^2	P 值
年龄	age2(40～59 岁)	1.162 5**	4.133 5	0.042 0
	age3(≥60 岁)	2.319 5*	2.403 0	0.091 0
受教育程度	edu1(高中及以下)	0.651 6	1.314 0	0.251 7
	edu2(大专)	1.147 8**	4.976 3	0.025 7
	本科(参照类)			
	edu3(硕士及以上)	0.785 9	1.611 0	0.204 4
成比例发生比假设检验		$\chi^2=24.276\ 4$,自由度$=26$,$P=0.560\ 2$		
模型 χ^2 统计		$\chi^2=470.831$,自由度$=13$,$P=0.000\ 1$		
AIC, SC		211.787, 268.194		
Somers'D, Gamma, Tau-a, C		0.653, 0.983, 0.461, 0.827		

注：** 表示在 0.05 的置信水平下显著相关；* 表示在 0.1 的置信水平下显著相关。

4) 模型 4

从模型 3 中剔除出行目的后，建立乘客满意度与到站时间、潜在等车时间、车内时间、车内拥挤度、有无私家车、age1、age2、age3、edu1、edu2 和 edu3 的有序 Logistic 模型，称为模型 4，输出结果如表 6-5 所示。

模型 4 的成比例发生比假设检验 P 值为 0.445 8，说明成比例发生比假设不能被拒绝，有序 Logistic 回归模型适合剔除性别、职业和出行目的数据的建模。模型 χ^2 统计 P 值为 0.000 1，说明模型 4 所包含的解释变量对乘客满意度有显著的解释能力，比零假设模型好。从系数显著性检验看出到站时间、潜在等车时间、车内时间、age2 及 edu2 与乘客满意度在 0.05 的置信水平下显著相关；车内拥挤度、停靠站设施水平和有无私家车与乘客满意度在 0.1 的置信水平下显著相关；模型 4 所包含的解释变量均与乘客满意度显著相关。需指出的是：age1、age3、edu1、edu3 不与乘客满意度显著相关，年龄以 age2 为代表、受教育程度以 edu2 为代表与乘客满意度显著相关。

表 6-5 乘客满意度与解释变量(剔除性别、职业和出行目的)的有序 Logistic 回归输出结果(模型 4)

解释变量	系数	Wald χ^2	P 值
截距 1	8.962 3	45.885 8	0.000 1
截距 2	18.916 4	71.445 8	0.000 1
截距 3	26.299 6	77.603 7	0.000 1
到站时间	−0.328 3**	61.940 0	0.000 1
潜在等车时间	−0.610 3**	31.881 6	0.000 1
车内时间	−0.401 7**	78.415 2	0.000 1
车内拥挤度	−0.390 2*	2.248 2	0.093 8

续表 6-5

解释变量		系数	Wald χ^2	P 值
停靠站设施水平	有	0.786 7*	2.919 8	0.087 5
	没有(参照类)			
有无私家车	有	−0.890 3*	2.811 3	0.093 6
	没有(参照类)			
年龄	6~29岁(参照类)			
	age1(30~39岁)	0.502 8	0.871 6	0.350 5
	age2(40~59岁)	1.207 8**	4.586 2	0.032 2
	age3(≥60岁)	2.274 8	2.231 2	0.165 2
受教育程度	edu1(高中及以下)	0.655 2	1.327 4	0.249 3
	edu2(大专)	1.174 6**	5.302 9	0.021 3
	本科(参照类)			
	edu3(硕士及以上)	0.788 3	1.612 8	0.204 1
成比例发生比假设检验		$\chi^2 = 24.278\,2$,自由度=24,$P=0.445\,8$		
模型 χ^2 统计		$\chi^2 = 470.592$,自由度=12,$P=0.000\,1$		
AIC, SC		210.025, 262.907		
Somers'D, Gamma, Tau-a, C		0.653, 0.983, 0.461, 0.827		

注：**表示在0.05的置信水平下显著相关；*表示在0.1的置信水平下显著相关。

5) 模型比较

AIC和SC可比较不同模型的拟合优度，AIC和SC的值越小，模型的拟合优度越好。Somers'D、Gamma、Tau-a和C可比较不同模型的预测准确性，它们的值越大，模型的预测准确性越好。采用这些指标对模型1、模型2、模型3和模型4的拟合优度和预测准确性进行比较。

模型1的AIC和SC分别为219.911和293.862，模型2的AIC和SC分别为218.051和288.560，模型3的AIC和SC分别为211.787和268.194，模型4的AIC和SC分别为210.025和262.907。4个模型中，模型4的AIC和SC的值最小，说明模型4对数据的拟合程度最好。

模型1的Somers'D、Gamma、Tau-a和C分别为0.662、0.984、0.467和0.831；模型2的分别为0.659、0.984、0.465和0.830；模型3的分别为0.653、0.983、0.461和0.827；模型4的分别为0.653、0.983、0.461和0.827。4个模型的这些指标值差异很小，说明虽然解释变量的数量逐步减少，但模型的预测准确性却没有相应地降低。针对公交专用道乘客满意度问卷调查回收的有效问卷，将由模型4预测出的乘客满意度与调查得到的乘客满意度进行对比，模型4的预测准确性达86.06%，见附录J。

6.3.3 乘客满意度估计模型

根据成比例发生比假设检验、模型 χ^2 统计、系数显著性检验、拟合优度和预测准确性，对模型1、模型2、模型3和模型4进行分析比较，确定模型4为本书所要构建的乘客满意度估计模型。因此，公交专用道乘客满意度估计模型为：

$$\begin{cases} \ln\dfrac{P_1}{P_2+P_3+P_4} = 8.96-0.33arr-0.61pwt-0.4ivt-0.39con+ \\ \qquad\qquad 0.79stop-0.89car+1.21age2+1.17edu2 \\ \ln\dfrac{P_1+P_2}{P_3+P_4} = 18.92-0.33arr-0.61pwt-0.4ivt-0.39con+ \\ \qquad\qquad 0.79stop-0.89car+1.21age2+1.17edu2 \\ \ln\dfrac{P_1+P_2+P_3}{P_4} = 26.3-0.33arr-0.61pwt-0.4ivt-0.39con+ \\ \qquad\qquad 0.79stop-0.89car+1.21age2+1.17edu2 \end{cases} \quad (6\text{-}10)$$

式中，P_1 表示乘客满意度为非常满意的概率；P_2 表示乘客满意度为满意的概率；P_3 表示乘客满意度为不满意的概率；P_4 表示乘客满意度为非常不满意的概率；arr 表示到站时间，单位 min；pwt 表示潜在等车时间，单位 min；ivt 表示车内时间，单位 min；con 表示车内拥挤度，单位人/m²；$stop$ 表示停靠站设施水平，如果候车停靠站有座椅、遮挡物、实时到站信息，则 $stop=1$，如果候车停靠站没有这些设施，则 $stop=0$；car 表示有无私家车，如果乘客有私家车，则 $car=1$，如果乘客没有私家车，则 $car=0$；$age2$ 表示乘客年龄是否处于40~59岁，如果乘客年龄处于40~59岁，则 $age2=1$，否则，$age2=0$；$edu2$ 表示乘客受教育程度是否为大专，如果乘客受教育程度为大专，则 $edu2=1$，否则，$edu2=0$。

对式(6-10)转换后，得到累积发生比为：

$$\begin{cases} \dfrac{P_1}{P_2+P_3+P_4} = e^{8.96} e^{-0.33arr} e^{-0.61pwt} e^{-0.4ivt} e^{-0.39con} e^{0.79stop} e^{-0.89car} e^{1.21age2} e^{1.17edu2} \\ \dfrac{P_1+P_2}{P_3+P_4} = e^{18.92} e^{-0.33arr} e^{-0.61pwt} e^{-0.4ivt} e^{-0.39con} e^{0.79stop} e^{-0.89car} e^{1.21age2} e^{1.17edu2} \\ \dfrac{P_1+P_2+P_3}{P_4} = e^{26.3} e^{-0.33arr} e^{-0.61pwt} e^{-0.4ivt} e^{-0.39con} e^{0.79stop} e^{-0.89car} e^{1.21age2} e^{1.17edu2} \end{cases} \quad (6\text{-}11)$$

根据式(6-4)，得到累积概率 $P(y\leqslant 1)$ 即 P_1、$P(y\leqslant 2)$ 即 P_1+P_2、$P(y\leqslant 3)$ 即 $P_1+P_2+P_3$ 分别为：

$$P_1 = \dfrac{e^{8.96-0.33arr-0.61pwt-0.4ivt-0.39con+0.79stop-0.89car+1.21age2+1.17edu2}}{1+e^{8.96-0.33arr-0.61pwt-0.4ivt-0.39con+0.79stop-0.89car+1.21age2+1.17edu2}} \quad (6\text{-}12)$$

$$P_1+P_2 = \dfrac{e^{18.92-0.33arr-0.61pwt-0.4ivt-0.39con+0.79stop-0.89car+1.21age2+1.17edu2}}{1+e^{18.92-0.33arr-0.61pwt-0.4ivt-0.39con+0.79stop-0.89car+1.21age2+1.17edu2}} \quad (6\text{-}13)$$

$$P_1+P_2+P_3 = \dfrac{e^{26.3-0.33arr-0.61pwt-0.4ivt-0.39con+0.79stop-0.89car+1.21age2+1.17edu2}}{1+e^{26.3-0.33arr-0.61pwt-0.4ivt-0.39con+0.79stop-0.89car+1.21age2+1.17edu2}} \quad (6\text{-}14)$$

因此,乘客满意度为非常满意的概率 P_1、满意的概率 P_2、不满意的概率 P_3 和非常不满意的概率 P_4 分别为:

$$\begin{cases} P_1 \text{ 如式}(6\text{-}12) \text{ 所示} \\ P_2 = \text{式}(6\text{-}13) - \text{式}(6\text{-}12) \\ P_3 = \text{式}(6\text{-}14) - \text{式}(6\text{-}13) \\ P_4 = 1 - P_1 - P_2 - P_3 \end{cases} \quad (6\text{-}15)$$

6.3.4 乘客满意度估计模型分析

为了便于分析解释变量的变化对于乘客满意度的影响,取到站时间为 5 min,潜在等车时间为 2 min,车内时间为 10 min,车内拥挤度为 1 人/m² 作为参照,因此,参照类为到站时间为 5 min,潜在等车时间为 2 min,车内时间为 10 min,所经历的平均车内拥挤度为 1 人/m²,候车停靠站没有座椅、遮挡物和实时到站信息,没有私家车,年龄处于 6~29 岁,受教育程度为本科的乘客。根据式(6-15)得到参照类的 $P_1 = 0.85$、$P_2 = 0.15$、$P_3 = P_4 = 0$。相对于参照类,分别让乘客满意度估计模型中的解释变量增加 1 个单位,并计算解释变量作单位变化后的 4 种乘客满意度概率与参照类对应的乘客满意度概率的比值,如表 6-6 所示。

表 6-6 解释变量单位变化后乘客满意度概率的变化倍数

解释变量相对于 参照类的变化	P_1 相对于参照类 P_1 的变化倍数	P_2 相对于参照类 P_2 的变化倍数	P_3 相对于参照类 P_3 的变化倍数	P_4 相对于参照类 P_4 的变化倍数
仅到站时间增加 1 个单位	0.94	1.31	1.39	1.39
仅潜在等车时间增加 1 个单位	0.89	1.63	1.84	1.84
仅车内时间增加 1 个单位	0.93	1.39	1.49	1.49
仅车内拥挤度增加 1 个单位	0.93	1.38	1.48	1.48
仅停靠站变为有相关设施	1.09	0.50	0.45	0.45
仅乘客变为有私家车	0.82	1.99	2.44	2.44
仅乘客年龄变为处于 40~59 岁	1.12	0.33	0.30	0.30
仅乘客受教育程度变为大专	1.12	0.35	0.31	0.31

乘客满意度估计模型中,到站时间、潜在等车时间、车内时间和车内拥挤度的系数分别为 -0.33、-0.61、-0.4 和 -0.39。系数均为负值,说明这些变量的增加会使累积对数发生比降低,相应地会使乘客的满意程度下降。从系数的数量大小来说,潜在等车时间的系数最大,依次为车内时间、车内拥挤度、到站时间,说明潜在等车时间对乘客满意度的影响最大,其他的依次为车内时间、车内拥挤度、到站时间。$e^{-0.61} = 0.54$,说明在其他条件相同时,潜在等车时间增加 1 个单位会使 3 个累积发生比变为原来的 0.54 倍,即会使它们降低 1.85 倍;$e^{-0.4} = 0.67$,说明车内时间增加 1 个单位会使 3 个累积发生比变为原来的 0.67 倍,即会使它们降低 1.49 倍;$e^{-0.39} = 0.68$,说明车内拥挤度增加 1 个单位会使 3 个累积发生比变为原来的 0.68 倍,即会使它们降低 1.48 倍;$e^{-0.33} = 0.72$,说明到站时间增加 1 个单位

会使3个累积发生比变为原来的0.72倍,即会使它们降低1.39倍。

相对于参照类,在其他解释变量不变,仅到站时间增加1个单位时,乘客非常满意的概率下降,变为参照类非常满意概率的0.94倍;满意、不满意、非常不满意的概率上升,分别变为参照类对应概率的1.31倍、1.39倍、1.39倍。仅潜在等车时间增加1个单位时,乘客非常满意的概率下降,变为参照类非常满意概率的0.89倍;满意、不满意、非常不满意的概率上升,分别变为参照类对应概率的1.63倍、1.84倍、1.84倍。仅车内时间增加1个单位时,乘客非常满意的概率下降,变为参照类非常满意概率的0.93倍;满意、不满意、非常不满意的概率上升,分别变为参照类对应概率的1.39倍、1.49倍、1.49倍。在其他解释变量不变,仅车内拥挤度相对于参照类增加1个单位后,引起的乘客满意度概率变化与车内时间基本相同。如果把潜在等车时间作为等车特征的代表,车内时间和车内拥挤度作为车内特征的代表,到站时间作为到站特征的代表,从上述分析可以看出,3类出行特征中,等车特征对于公交专用道乘客满意度的影响最大,其次为车内特征,到站特征的影响最小。

乘客满意度估计模型中,停靠站设施水平的回归系数为0.79。系数为正值,说明候车停靠站配备座椅、遮挡物和实时到站信息会使累积对数发生比增大,相应地,会使乘客的满意程度提高。$e^{0.79}=2.2$,说明相对于候车停靠站没有这些设施,配备这些设施会使累积发生比变为原来的2.2倍。相对于参照类,在其他条件不变,仅为停靠站配备座椅、遮挡物和实时到站信息,会使乘客非常满意的概率变为原来的1.09倍,而非常不满意的概率变为原来的0.45倍。

乘客满意度估计模型中,有无私家车的系数为-0.89。相对于没有私家车,乘客有私家车时,3个累积对数发生比分别减小0.89,乘客的满意程度相应地降低。$e^{-0.89}=0.41$,在其他条件相同时,有私家车乘客的累积发生比是没有私家车乘客的0.41倍。相对于参照类,其他条件均不变,乘客购买私家车后,非常满意的概率变为原来的0.82倍,而非常不满意的概率变为原来的2.44倍。

乘客满意度估计模型中,age2(乘客处于40～59岁)的系数为1.21。在其他条件相同时,相对于6～29岁乘客,40～59岁乘客的累积对数发生比要比其高1.21,累积发生比是其3.35倍。在其他条件与参照类相同时,40～59岁乘客非常满意的概率是6～29岁乘客的1.12倍,而非常不满意的概率是其0.3倍。

乘客满意度估计模型中,edu2(受教育程度为大专)的系数为1.17。在其他条件相同时,相对于受教育程度为本科的乘客,受教育程度为大专乘客的累积对数发生比要比其高1.17,累积发生比是其3.22倍。在其他条件与参照类相同时,受教育程度为大专乘客的非常满意的概率是受教育程度为本科乘客的1.12倍,而非常不满意的概率是其0.31倍。

乘客满意度估计模型中,按照系数的数量大小排列解释变量,其顺序为:age2、edu2、有无私家车、停靠站设施水平、潜在等车时间、车内时间、车内拥挤度、到站时间。其中,age2、edu2、有无私家车属于乘客个人属性;停靠站设施水平、潜在等车时间、车内时间、车内拥挤度、到站时间属于出行特征和公交设施水平。从系数的数量大小可以看出,乘客个人属性对于乘客满意度的影响要大于出行特征和设施水平,说明乘客在感受公交服务、判别是否满意于当前公交服务时,主观性很强,很大程度受其个人属性的影响。乘客满意度估计模型也说明,即使相同的出行特征,不同乘客的感受是不同的。

目前国内外学者多按照指标选取、指标评价、满意度分析的模式研究乘客满意度,也有学者采用相关分析、因子分析、象限分析法（I-S法）、影响分技术（Impact score technique）、结构方程模型等研究乘客满意度[131-133]，目前的研究主要偏重于定性研究，而本书建立了乘客满意度估计模型，可定量计算乘客满意度。目前国内外学者往往考虑公交设施、出行特征等研究乘客满意度，而本书还充分考虑了乘客个人属性，将个人属性作为估计乘客满意度的解释变量。本书采用建模的方法研究乘客满意度的思路具有一定的新颖性，并且将个人属性作为解释变量引入乘客满意度估计模型是对乘客满意度研究方面的重要贡献。

6.4 乘客感知服务水平分级

本书将乘客满意度作为公交专用道乘客感知服务水平的评价指标，将乘客满意度定义为乘客在多次使用公交服务后，产生的对公交服务的总体主观感受，分为非常满意、满意、不满意、非常不满意4个级别。本书建议当乘客满意度为非常满意时，乘客感知服务水平为一级；当乘客满意度为满意时，乘客感知服务水平为二级；当乘客满意度为不满意时，乘客感知服务水平为三级；当乘客满意度为非常不满意时，乘客感知服务水平为四级，如表6-7所示。

表6-7 公交专用道乘客感知服务水平分级

乘客感知服务水平等级	乘客满意度
一	非常满意
二	满意
三	不满意
四	非常不满意

针对现状或规划的公交专用道运营服务，分析其乘客感知服务水平的方法为：首先计算乘客满意度，即根据乘客满意度估计模型式(6-10)～式(6-15)计算出乘客满意度为非常满意的概率P_1、满意的概率P_2、不满意的概率P_3、非常不满意的概率P_4，则乘客满意度为P_1、P_2、P_3、P_4中最大值对应的类别；然后确定乘客感知服务水平等级，即根据计算出的乘客满意度，对照表6-7确定乘客感知服务水平等级。

6.5 潜在等车时间估算方法

从乘客满意度估计模型可看出，潜在等车时间是出行特征中对乘客满意度影响最大的因素。方便准确地估算潜在等车时间对于分析乘客满意度有重要意义，并且潜在等车时间也是衡量公交可靠性的重要指标。潜在等车时间可通过调查得到，但调查要花费大量的人力物力财力。本节目的在于提供一种简便的潜在等车时间估算方法。

目前许多公交公司为公交车配备了车载GPS，大量存储的GPS数据为公交研究提供了极大的便利。GPS数据详细记录了车辆运行轨迹，包括车辆到达、离开停靠站的时间，车辆所在位置的经度、纬度和方向角，车辆的实时速度。通过公交GPS数据可详细准确地得到车辆的车头时距。

已有学者建立了基于车辆车头时距的平均等车时间计算方法[134]，如式(6-16)所示。

$$E(W) = 0.5 \times E(H) \times (1+CV_H^2) \qquad (6-16)$$

式中，$E(W)$ 表示平均等车时间；$E(H)$ 表示平均车头时距；CV_H 表示车头时距的变异系数，等于车头时距的标准差除以均值。

结合公交 GPS 数据，基于车辆车头时距的平均等车时间计算方法为计算乘客等车时间提供了极其便利的途径。由此启发，本书试图进行基于车辆车头时距的潜在等车时间估算方法研究，以利用公交 GPS 数据方便地估算潜在等车时间。

潜在等车时间是计划等车时间与平均等车时间之差，95%位等车时间可以保证以 95%的可能性准时到达目的地，通常被指定为计划等车时间[89-91, 135]。因此，潜在等车时间等于 95%位等车时间与平均等车时间之差，即：

$$pwt = 95\%wt - E(W) \qquad (6-17)$$

式中，pwt 表示潜在等车时间；$95\%wt$ 表示 95%位等车时间；$E(W)$ 同上。

从式(6-17)可看出，只要得到 95%位等车时间，即可结合平均等车时间计算出潜在等车时间。95%位等车时间是等车时间分布中累积概率 95%对应的等车时间。因此，对潜在等车时间估算方法的研究转为对等车时间分布估算方法的研究。

Furth 和 Muller 对等车时间分布的估算方法进行了一定的研究[135]，但没有解释估算方法的推导过程。本书鉴于 Furth 和 Muller 研究的不足，针对高频（车头时距小于 10 min）公交服务，假定"乘客均匀到达停靠站，且乘坐第一辆到达的车辆"，提出两种基于车辆车头时距的等车时间分布估算方法，以方便潜在等车时间的估算和公交专用道乘客满意度的估计。

6.5.1 等车时间分布的估算方法一

1) 估算方法一的理论推导

以 W 表示等车时间，w 表示任意给定时间，$F_W(w)$ 表示等车时间分布即 W 小于等于 w 的概率，$f_W(w)$ 表示等车时间的概率密度函数，H 表示车头时距。

等车时间的概率密度函数 $f_W(w)$ 为[135]：

$$f_W(w) = [1 - F_H(w)]/E(H) \qquad (6-18)$$

式中，$F_H(w)$ 为车头时距 H 小于 w 的概率；$E(H)$ 为保证概率密度曲线下的面积为 1 而出现在公式中。

式(6-18)中，$1 - F_H(w)$ 为车头时距 H 大于等于 w 的概率，因此，式(6-18)表明等车时间是 w 的概率密度与车头时距大于等于 w 的概率成正比。

有 n 个车头时距，从小到大依次命名为 $H_1, H_2, H_3, \cdots, H_n$。让给定时间 $w = H_1$，n 个车头时距中，车头时距大于等于 H_1 的概率为 $\frac{n}{n}$，则等车时间是 H_1 的概率密度为 $f_W(H_1) = \frac{n}{n}/E(H)$。以此类推，等车时间是 $H_2, H_3, \cdots, H_n$ 的概率密度分别为 $f_W(H_2) = \frac{n-1}{n}/E(H), f_W(H_3) = \frac{n-2}{n}/E(H), \cdots, f_W(H_n) = \frac{1}{n}/E(H)$。因此，等车时间是 H_i 的概率密度为：

$$f_W(H_i) = \left.\frac{n-i+1}{n}\right/E(H) \tag{6-19}$$

式中，$i = 1, 2, \cdots, n$。

考虑到 $n \times E(H) = \sum_{i=1}^{n} H_i$，故等车时间是 H_i 的概率密度 $f_W(H_i)$ 可表达为：

$$f_W(H_i) = (n-i+1)\left/\sum_{i=1}^{n} H_i\right. \tag{6-20}$$

式(6-20)给出了给定时间 w 等于 H_i 时的等车时间概率密度。根据式(6-18)，当给定时间 w 小于 H_1 时，$f_W(w) = f_W(H_1)$；当 w 介于 H_i 与 H_{i+1} 时，$i = 1, 2, \cdots, n-1$，$f_W(w) = f_W(H_{i+1})$；当 w 大于 H_n 时，$f_W(w) = 0$。因此，等车时间概率密度曲线如图6-2所示。

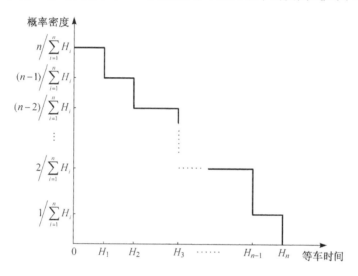

图 6-2　乘客等车时间的概率密度曲线

等车时间分布 $F_W(w)$ 为等车时间 W 小于等于 w 的概率，其值等于概率密度曲线图中 w 左侧对应的概率密度曲线与坐标轴围成的矩形的面积。让 $w = H_1$，$F_W(H_1)$ 等于图6-2中长为 H_1，高为 $n\left/\sum_{i=1}^{n} H_i\right.$ 的矩形的面积，即 $F_W(H_1) = H_1 \times n\left/\sum_{i=1}^{n} H_i\right.$。同理，$F_W(H_2) = F_W(H_1) + (H_2 - H_1) \times (n-1)\left/\sum_{i=1}^{n} H_i\right.$，$F_W(H_3) = F_W(H_2) + (H_3 - H_2) \times (n-2)\left/\sum_{i=1}^{n} H_i\right.$，$\cdots$，$F_W(H_n) = F_W(H_{n-1}) + (H_n - H_{n-1}) \times 1\left/\sum_{i=1}^{n} H_i\right.$。令 $H_0 = 0$，$F_W(H_0) = 0$，取给定时间 $w = H_i$，等车时间分布 $F_W(w)$ 为：

$$F_W(H_i) = F_W(H_{i-1}) + (H_i - H_{i-1}) \times (n-i+1)\left/\sum_{i=1}^{n} H_i\right. \tag{6-21}$$

2) 估算方法一的应用

基于 n 个给定的车头时距，通过分析等车时间为给定车头时距的概率密度，推导出等车时间分布的一种估算方法，如式(6-21)所示。该方法的计算结果为等车时间小于等于给定车头时距的概率,等车时间小于等于其他值的概率或者某累积概率对应的等车时间可通过线性插值得到。

应用该方法计算等车时间分布时,用表格呈现计算过程。让第一列表示序号 i,从 0 开始;第二列表示车头时距 H_i,其从小到大排列;第三列表示前后车头时距之差 $H_i - H_{i-1}$;第四列表示 $(n-i+1)\big/\sum_{i=1}^{n}H_i$;第五列表示等车时间分布 $F_W(H_i)$。

通过线性插值,从等车时间分布中找出累积概率 95% 对应的等车时间,即为 95% 位等车时间;然后根据式(6-16)计算平均等车时间;二者作差即可计算出潜在等车时间。

6.5.2 等车时间分布的估算方法二

1) 估算方法二的理论推导

有 n 个车头时距 $H_1, H_2, H_3, \cdots, H_n$,不同于"方法一",它们不一定从小到大排列。对于某个车头时距 H_i,因为假定乘客均匀到达停靠站,乘客在 H_i 内任意时刻到达的可能性是一致的,与图 6-2 中 H_i 与 H_{i+1} 之间的概率密度曲线类似,乘客在 H_i 内的等车时间概率密度曲线如图 6-3 所示。

以 W_i 表示 H_i 内的等车时间,$F_{W_i}(w)$ 表示 H_i 内的等车时间分布即 W_i 小于等于 w 的概率。$F_{W_i}(w)$ 等于图 6-3 中 w 左侧对应的概率密度曲线与坐标轴围成的矩形的面积。因此,$F_{W_i}(w)$ 为:

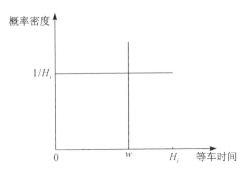

图 6-3 H_i 内乘客等车时间的概率密度曲线

$$F_{W_i}(w) = \begin{cases} 0, & w \leqslant 0 \\ w \times (1/H_i) = w/H_i, & 0 < w \leqslant H_i \\ H_i \times (1/H_i) + (w - H_i) \times 0 = 1, & w > H_i \end{cases} \quad (6-22)$$

规定如果 $w \leqslant 0$,记 $w = 0$;如果 $w \geqslant H_i$,记 $w = H_i$,则式(6-22)可表达为:

$$F_{W_i}(w) = w/H_i \quad (6-23)$$

乘客均匀到达,则乘客在 $H_1, H_2, H_3, \cdots, H_n$ 内的到达是等可能的,某个车头时距内的客流量和车头时距长度成正比,越长的车头时距内到达的乘客越多。因此,车头时距 H_i 的客流量比例为 $H_i \big/ \sum_{i=1}^{n} H_i$ [90]。因为假定乘客乘坐第一辆到达的车辆,故车头时距 H_i 的载客量比例与客流量比例相同,即:

$$p(H_i) = H_i \Big/ \sum_{i=1}^{n} H_i \quad (6-24)$$

式中,$p(H_i)$ 表示车头时距 H_i 的载客量比例。

基于 n 个车头时距的等车时间分布是以每个车头时距的载客量比例为权重,由单车头时距 H_i 内的等车时间分布集计而成。因此,根据式(6-23)和式(6-24),等车时间分布为:

$$F_W(w) = \sum_{i=1}^{n} F_{W_i}(w) \times p(H_i)$$
$$= \sum_{i=1}^{n}(w/H_i) \times \left(H_i \Big/ \sum_{i=1}^{n} H_i\right) \quad (6\text{-}25)$$
$$= \sum_{i=1}^{n} w_i \Big/ \sum_{i=1}^{n} H_i$$

式中，w_i 表示对应于 w 和 H_i 的等车时间，由二者比较后确定，若 $w \leqslant 0$，$w_i = 0$；若 $0 < w \leqslant H_i$，$w_i = w$；若 $w > H_i$，$w_i = H_i$。

2) 估算方法二的应用

基于 n 个给定的车头时距，通过分析单车头时距内的等车时间分布及载客量比例，推导出等车时间分布的另一种估算方法，如式(6-25)所示。该方法可得到等车时间小于等于给定值的概率，等车时间小于等于其他值的概率或者某累积概率对应的等车时间通过线性插值法计算。

该方法的应用步骤为：首先给出 w 的取值。因为假定乘客乘坐第一辆到达的车辆，在 H_i 内到达的乘客，其等车时间不可能超过 H_i，所以 w 最大值取为 $H_1, H_2, H_3, \cdots, H_n$ 中的最大值 $H_{\max}$，w 的最小值取为 0，步长可设定为 1。然后对于每个 w，将其与 H_i 作比较确定 w_i 的取值。具体为"若 $w \leqslant 0$，$w_i = 0$；若 $0 < w \leqslant H_i$，$w_i = w$；若 $w > H_i$，$w_i = H_i$"。最后对于每个 w，计算 $\sum_{i=1}^{n} w_i \Big/ \sum_{i=1}^{n} H_i$，即得到等车时间分布。该方法也可用表格呈现计算过程。

估算出等车时间分布后，通过线性插值找出 95% 位等车时间，然后结合平均等车时间，即可计算出潜在等车时间。

6.5.3 估算方法评价及应用实例

1) 估算方法评价

基于 n 个给定的车头时距，通过分析等车时间的概率密度、单车头时距内的等车时间分布及载客量比例，提出两种等车时间分布的估算方法，进而估算潜在等车时间。这两种方法实现了通过车辆的车头时距计算乘客的潜在等车时间，将乘客的出行特征与车辆数据联系起来。在目前公交 GPS 数据广泛可用的背景下，这两种方法为计算潜在等车时间提供了极其便利的途径，并极大地节省了调查所要花费的人力物力财力。与 Furth 和 Muller 对等车时间分布估算方法的研究相比，本书详细地给出了估算方法的推导过程，并且推导出的估算方法使用更加方便。

应用这两种方法计算潜在等车时间时，所需的已知条件为一系列车头时距，相应地，这两种方法可得到的是基于给定车头时距的潜在等车时间。这两种方法的推导视角不同，但应用时没有差别，用户根据自己的需求选择合适的方法即可。

2) 应用实例

为了更好地理解等车时间分布的估算方法，以一个实例对方法进行说明。假定乘客所乘坐的公交线路在某时段内相继有 7 辆公交车以车头时距 8 min，4 min，3 min，7.5 min，5 min，4.5 min 通过停靠站，下面分别以两种方法估算该乘客的等车时间分布及潜在等时间。

"方法一"的计算过程如表6-8所示,第一列表示序号;第二列表示从小到大排列的车头时距;第三列表示前后车头时距之差;第四列表示$(n-i+1)\left/\sum_{i=1}^{n}H_i\right.$;第三列与第四列的对应值相乘再加上$F_W(H_{i-1})$即为$F_W(H_i)$,如第五列所示。第二列和第五列显示了该实例的等车时间分布,例如$F_W(3)=0.5625$,说明等车时间小于等于3 min的概率为56.25%。

通过线性插值得出95%位等车时间为6.95 min。根据式(6-16)计算出平均等车时间为3.03 min,因此"方法一"得到的潜在等车时间为3.92 min。

表6-8 估算方法一的计算过程

序号i	车头时距H_i(min)	车头时距之差H_i-H_{i-1}(min)	$(n-i+1)\left/\sum_{i=1}^{n}H_i\right.$	$F_W(H_i)$
0	0			0
1	3	3	0.1875	0.5625
2	4	1	0.1563	0.7188
3	4.5	0.5	0.125	0.7813
4	5	0.5	0.0938	0.8282
5	7.5	2.5	0.0625	0.9845
6	8	0.5	0.0313	1
$n=6$	$\sum_{i=1}^{n}H_i=32$			

"方法二"的计算过程如表6-9所示。首先w取为$0,1,\cdots,8$。然后根据"若$w\leqslant0$,$w_i=0$;若$0<w\leqslant H_i$,$w_i=w$;若$w>H_i$,$w_i=H_i$"确定w_i的取值,即表6-9中1a到6i的值。例如对于$w=0$,1a到6a均为0;对于$w=1$,$0<w\leqslant H_i$,1b到6b均为1;对于$w=4$,3e为3,因为$w=4>H_3=3$。最后对于每个w,计算$\sum_{i=1}^{6}w_i\left/\sum_{i=1}^{6}H_i\right.$,即得到等车时间分布$F_W(w)$。表6-9中第三行和最后一行显示了等车时间分布。例如$F_W(1)=0.1875$,说明等车时间小于等于1 min的概率为18.75%。

通过线性插值得出95%位等车时间为6.95 min,因此,"方法二"得到的潜在等车时间也为3.92 min。针对该实例,"方法一"和"方法二"计算出的潜在等车时间相同。

表6-9 估算方法二的计算过程

序号	车头时距H_i(min)	a	b	c	d	e	f	g	h	i
		给定时间w(min)								
		0	1	2	3	4	5	6	7	8
1	8	0	1	2	3	4	5	6	7	8
2	4	0	1	2	3	4	4	4	4	4

续表 6-9

序号	车头时距 H_i (min)	a	b	c	d	e	f	g	h	i
		给定时间 w (min)								
		0	1	2	3	4	5	6	7	8
3	3	0	1	2	3	3	3	3	3	3
4	7.5	0	1	2	3	4	5	6	7	7.5
5	5	0	1	2	3	4	5	5	5	5
6	4.5	0	1	2	3	4	4.5	4.5	4.5	4.5
$\sum$	32	0	6	12	18	23	26.5	28.5	30.5	32
$F_W(w)$		0	0.1875	0.375	0.5625	0.7188	0.8281	0.8906	0.9531	1

6.6 本章小结

本章介绍了有序 Logistic 回归模型的定义、参数估计和模型评价；介绍了乘客满意度估计模型的构建方法；介绍了乘客满意度估计模型的构建过程，即按照"首先建立乘客满意度与所有解释变量的模型，然后逐步剔除不显著相关的变量"的思路建立了模型 1、模型 2、模型 3 和模型 4；从系数显著性检验、拟合优度及预测准确性等方面对 4 个模型进行比较，建立了公交专用道乘客满意度估计模型；并从系数、解释变量作单位变化等角度对模型进行了分析，分析发现对于常州公交专用道来说，乘客个人属性对乘客满意度的影响要大于出行特征和设施水平；建立了基于乘客满意度的乘客感知服务水平分级；最后通过分析等车时间的概率密度、单车头时距内的等车时间分布及载客量比例，提出了两种基于车辆车头时距的等车时间分布估算方法，进而估算潜在等车时间，结合公交 GPS 数据为计算潜在等车时间提供了便利途径。

第七章 车辆运行服务水平与乘客感知服务水平的关系研究

本书第三章和第四章研究了公交专用道车辆运行服务水平,第五章和第六章研究了公交专用道乘客感知服务水平,车辆运行服务水平和乘客感知服务水平相互联系、相互影响,本章旨在研究车辆运行服务水平与乘客感知服务水平之间的联系。

首先间接地研究乘客感知服务水平对车辆运行服务水平的影响,包括车内拥挤度对公交车完成上下客时间的影响、乘客满意度对车辆运行服务水平服务乘客量的影响;然后研究车辆运行服务水平与乘客感知服务水平的关系,包括两类服务水平评价指标的关系、两类服务水平分级的关系。

7.1 乘客感知服务水平对车辆运行服务水平的影响

7.1.1 车内拥挤度对公交车完成上下客时间的影响

公交车在停靠站的完成上下客时间受车内拥挤度的影响,包括单位乘客上下车时间、上下车乘客数均受到车内拥挤度的影响。完成上下客时间是影响车辆运行服务水平的因素之一,而车内拥挤度是影响乘客感知服务水平的因素之一。现研究车内拥挤度对完成上下客时间的影响,以在某种程度上体现乘客感知服务水平对车辆运行服务水平的影响。

针对公交车有两个车门,上下客方式为前门上车、后门下车的公交专用道服务,研究车内拥挤度对完成上下客时间的影响。

乘客满意度受车内拥挤度的影响,随着车内拥挤度的增加,乘客满意度会逐渐下降,当车内拥挤度增加到某一值时,乘客满意度由满意转变为不满意,该值即为保证乘客满意的最大车内拥挤度。以 con_{max} 表示保证乘客满意的最大车内拥挤度,B 表示公交车面积,con 表示公交车到站时的车内拥挤度($con \leqslant con_{max}$),n_e 表示等车乘客数,n_x 表示后门下车乘客数。则保证乘客满意的最大载客量 $N_{max} = con_{max} \times B$,到站时的车内乘客数 $n_d = con \times B$。因此,考虑车内拥挤度影响的前门上车乘客数 $n_s = \min\{(N_{max} - n_d + n_x), n_e\}$。

单位乘客上车时间受车内拥挤度的影响,当车内拥挤度较小时,乘客可顺利登车,且可自由进入车内,单位乘客上车时间较短;当车内拥挤度较大时,乘客登车及进入车内受到一定程度的阻碍,单位乘客上车时间相应地增加。考虑车内拥挤度影响的单位乘客上车时间 $t_s = \begin{cases} t_{s0}, & con \leqslant con_0 \\ \dfrac{L_s}{v_s}, & con > con_0 \end{cases}$[136],其中,$con_0$ 表示使乘客自由上车与上车受阻的临界车内拥挤度,为 1.5 人/m²; t_{s0} 表示可自由上车时的单位乘客上车时间,平峰期可取为 3 s,高峰期可取为 2 s; v_s 表示单位乘客跨越上车门踏板的移动速率, $v_s = \begin{cases} 0.57\exp(-0.23con),\text{平峰期} \\ 0.90\exp(-0.27con),\text{高峰期} \end{cases}$; L_s 表示前门踏板长度,为 1.2 m。单位乘客下车时间与车内拥挤度无关[136]。

因此,对于前门上车、后门下车的上下客方式,考虑车内拥挤度影响的完成上下客时间为:

$$t_b' = \max(n_x t_x, n_s t_s) \qquad (7\text{-}1)$$

式中, t_b' 表示考虑车内拥挤度影响的完成上下客时间; n_x 表示后门下车乘客数; t_x 表示单位乘客平均下车时间; n_s 表示前门上车乘客数, $n_s = \min\{(N_{\max} - n_d + n_x), n_e\}$; t_s 表示单位乘客平均上车时间, $t_s = \begin{cases} t_{s0}, & con \leqslant con_0 \\ \dfrac{L_s}{v_s}, & con > con_0 \end{cases}$;其他变量的含义同上。

完成上下客时间是停靠站通行能力计算公式中的重要因素,本节研究考虑车内拥挤度影响的完成上下客时间,在某种程度上也是对停靠站通行能力计算方法的修正。因此,计算停靠站通行能力时,建议以式(7-1)计算完成上下客时间,进而将其代入式(3-27)计算停靠站通行能力。

7.1.2 不同车辆运行服务水平下乘客满意度对服务乘客量的影响

4.2.4 节中界定了公交专用道车辆运行服务水平的服务乘客量,其根据服务交通量及标准车的额定载客量予以界定,并没有考虑乘客的感受。车辆运行服务水平的服务乘客量是期望达到的运输能力,实际运营中乘客可能由于感受不良而转移,从而致使达不到期望的运输能力。本书以车内拥挤度为纽带,基于乘客满意度对车辆运行服务水平的服务乘客量进行修正,研究保证乘客满意的服务乘客量。

保证乘客满意的服务乘客量的具体研究方法为:①采用有序 Logistic 回归方法建立乘客满意度与车内拥挤度的关系式,拟定关系式为 $\ln \dfrac{P(y \leqslant j)}{1 - P(y \leqslant j)} = \beta_{0j} - \beta_1 con$,其中 y 表示乘客满意度, $j = 1, 2, \cdots, 3$, β_{0j} 表示截距, β_1 表示系数, con 表示车内拥挤度;②基于此关系式绘制乘客满意度与车内拥挤度的关系图,进而分析使乘客满意度由满意变为不满意的车内拥挤度,该拥挤度即为保证乘客满意的最大车内拥挤度 $con_{\max}$;③基于该最大车内拥挤度计算保证乘客满意的最大载客量 $N_{\max}$, $N_{\max} = con_{\max} \times B_0$,其中 B_0 表示公交车标准车的面积,则保证乘客满意的服务乘客量 $Q_r' \leqslant Q \times N_{\max}$,其中 Q 表示服务交通量。

(1) 乘客满意度与车内拥挤度的关系

以常州公交专用道乘客满意度问卷调查回收的有效样本为数据依据,进行乘客满意度与车内拥挤度的有序 Logistic 回归,其输出结果如表 7-1 所示,因此,乘客满意度与车内拥挤度的关系为:

$$\begin{cases} \ln \dfrac{P_1}{P_2+P_3+P_4} = -1.25 - 0.37con \\ \ln \dfrac{P_1+P_2}{P_3+P_4} = 0.84 - 0.37con \\ \ln \dfrac{P_1+P_2+P_3}{P_4} = 2.16 - 0.37con \end{cases} \quad (7-2)$$

式中，P_1 表示乘客满意度为非常满意的概率；P_2 表示乘客满意度为满意的概率；P_3 表示乘客满意度为不满意的概率；P_4 表示乘客满意度为非常不满意的概率；con 表示车内拥挤度，单位为人/m²。

表 7-1 乘客满意度与车内拥挤度的有序 Logistic 回归输出结果

解释变量	系数	Wald χ^2	P 值
截距 1	−1.251 7	20.180 9	0.000 1
截距 2	0.836 3	9.895 0	0.001 7
截距 3	2.161 6	52.978 8	0.000 1
车内拥挤度	−0.371 2	5.818 6	0.015 9
成比例发生比假设检验		$\chi^2=3.987\ 9$，自由度$=2$，$P=0.136\ 2$	
模型 χ^2 统计		$\chi^2=5.644$，自由度$=1$，$P=0.017\ 5$	
AIC，SC		652.973，667.075	
Somers'D，Gamma，Tau-a，C		0.527，0.630，0.490，0.664	

（2）保证乘客满意的最大车内拥挤度

根据式(7-2)，绘制乘客满意度概率与车内拥挤度的关系图，如图 7-1 所示。从图中可见，随着车内拥挤度的增加，乘客非常满意和满意的概率逐渐下降，而乘客不满意和非常不满意的概率逐渐上升，也就是说，乘客非常满意和满意的感受逐渐消弱，而不满意和非常不满意的感受愈来愈强烈。当车内拥挤度小于 3.45 时，乘客满意的概率最大；当车内拥挤度介于 3.45～3.75 时，乘客不满意的概率最大；当车内拥挤度大于 3.75 时，乘客非常不满意的概率最大。

根据图 7-1 得到乘客满意度与车内拥挤度的关系图，如图 7-2 所示。当车内拥挤度小

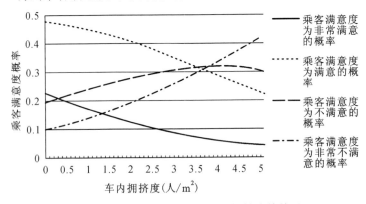

图 7-1 乘客满意度概率与车内拥挤度的关系

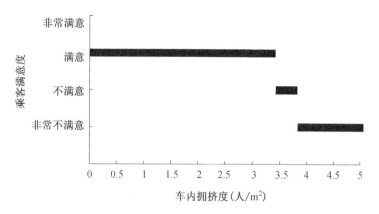

图 7-2 乘客满意度与车内拥挤度的关系

于 3.45 时,乘客满意度为满意;当车内拥挤度介于 3.45~3.75 时,乘客满意度为不满意;当车内拥挤度大于 3.75 时,乘客满意度为非常不满意。

可见,对于公交专用道服务而言,车内拥挤度 3.45 使乘客满意度由满意变为不满意,即 3.45 是保证乘客满意的最大车内拥挤度 $con_{\max}$。

(3) 基于乘客满意度的服务乘客量

将公交车标准车的面积 B_0 取为 21.25 m²(8.5 m×2.5 m),结合保证乘客满意的最大车内拥挤度 $con_{\max}$,得到保证乘客满意的最大载客量 $N_{\max}$ 为 73 人(3.45 人/m²×21.25 m²)。然后结合车辆运行服务水平的服务交通量,以每标准车 73 人的载客量计算车辆运行服务水平的服务乘客量,即为保证乘客满意的服务乘客量,如表 7-2 第五列所示。

表 7-2 基于乘客满意度的服务乘客量

车辆运行服务水平等级	单位公交专用道延误(s)	服务交通量(标台/h)	服务乘客量(人/h)	基于乘客满意度的服务乘客量(人/h)
一	$D_0 \leqslant 13$	$Q \leqslant 35$	$Q_r \leqslant 2\,800$	$Q_r' \leqslant 2\,555$
二	$13 < D_0 \leqslant 28$	$35 < Q \leqslant 120$	$2\,800 < Q_r \leqslant 9\,600$	$2\,555 < Q_r' \leqslant 8\,760$
三	$28 < D_0 \leqslant 53$	$120 < Q \leqslant 260$	$9\,600 < Q_r \leqslant 20\,800$	$8\,760 < Q_r' \leqslant 18\,980$
四	$D_0 > 53$	C	$C \cdot N_0$	$C \cdot N_{\max}$

备注:适用于中央式快速公交专用道;单位公交专用道延误是指公交车在单位长度(100 m)路段、单个靠停站和单个交叉口的延误之和;C 表示公交专用道的通行能力;N_0 表示标准车的额定载客量;$N_{\max}$ 表示保证乘客满意的标准车最大载客量

公交车标准车的额定载客量为 80 人,该载客量使乘客感觉不满意,基于额定载客量的服务乘客量同样会使乘客感觉不满意,正如表 7-2 所示,基于额定载客量的服务乘客量(第四列)大于保证乘客满意的服务乘客量。

7.2 车辆运行服务水平与乘客感知服务水平的关系

本书以公交专用道延误作为车辆运行服务水平的评价指标,并建立了车辆运行服务水平分级;以乘客满意度作为乘客感知服务水平的评价指标,并建立了乘客感知服务水平分级。车辆运行服务水平与乘客感知服务水平的关系包括两个层面:乘客满意度与公交专用道延误的关系;车辆运行服务水平分级与乘客感知服务水平分级的关系。

7.2.1 乘客满意度与公交专用道延误的关系

乘客在公交专用道上的车内时间影响其对公交专用道服务的满意程度,车内时间通常包括理想车内时间和延误两部分。理想车内时间是指公交车在乘客上下车站点间的路段、停靠站、交叉口均没有延误时的车内时间。延误是指公交车在公交专用道上乘客上下车站点间的延误,包括在上下车站点间所有路段、停靠站和交叉口的延误。

因此,研究乘客满意度与公交专用道延误关系的方法为:以车内时间为纽带,首先采用有序 Logistic 回归方法建立乘客满意度与车内时间的关系,拟定关系为 $\ln \frac{P(y \leqslant j)}{1-P(y \leqslant j)} = \beta_{0j} - \beta_2 ivt$,其中 β_2 表示系数,ivt 表示车内时间,其他变量同上;然后将此关系式中的车内时间用理想车内时间和延误代替,便可得到乘客满意度与延误的关系。

按此方法,本书以常州公交专用道乘客满意度问卷调查回收的有效样本为数据支持,进行乘客满意度与车内时间的有序 Logistic 回归,输出结果如表 7-3 所示。

表 7-3 乘客满意度与车内时间的有序 Logistic 回归输出结果

解释变量	系数	Wald χ^2	P 值
截距 1	1.307 5	19.526 2	0.000 1
截距 2	5.006 3	122.064 5	0.000 1
截距 3	7.762 3	147.305 3	0.000 1
车内时间	−0.157 0	130.270 5	0.000 1
成比例发生比假设检验		$\chi^2=4.187\ 9$,自由度$=2$,$P=0.153\ 2$	
模型 χ^2 统计		$\chi^2=231.087$,自由度$=1$,$P=0.000\ 1$	
AIC, SC		427.531, 441.632	
Somers'D, Gamma, Tau-a, C		0.753, 0.775, 0.531, 0.877	

根据有序 Logistic 回归的输出结果,乘客满意度与车内时间的关系为:

$$\begin{cases} \ln \dfrac{P_1}{P_2+P_3+P_4} = 1.31 - 0.16ivt \\ \ln \dfrac{P_1+P_2}{P_3+P_4} = 5.01 - 0.16ivt \\ \ln \dfrac{P_1+P_2+P_3}{P_4} = 7.76 - 0.16ivt \end{cases} \quad (7-3)$$

车内时间等于理想车内时间加延误,因此,乘客满意度与公交专用道延误的关系为:

$$\begin{cases} \ln\dfrac{P_1}{P_2+P_3+P_4} = 1.31 - 0.16(fivt+D) \\ \ln\dfrac{P_1+P_2}{P_3+P_4} = 5.01 - 0.16(fivt+D) \\ \ln\dfrac{P_1+P_2+P_3}{P_4} = 7.76 - 0.16(fivt+D) \end{cases} \quad (7-4)$$

式中,P_1 表示乘客满意度为非常满意的概率;P_2 表示乘客满意度为满意的概率;P_3 表示乘客满意度为不满意的概率;P_4 表示乘客满意度为非常不满意的概率;$fivt$ 表示公交专用道上乘客上下车站点间的理想车内时间,单位 min;D 表示公交车在公交专用道上乘客上下车站点间的延误,包括在上下车站点间所有路段、停靠站和交叉口的延误,单位 min。

7.2.2 车辆运行服务水平分级与乘客感知服务水平分级的关系

车辆运行服务水平基于单位公交专用道延误划分了服务水平分级,乘客感知服务水平基于乘客满意度划分了服务水平分级。因此,为了建立车辆运行服务水平分级与乘客感知服务水平分级的联系,首先要研究乘客满意度与单位公交专用道延误的关系,然后据此关系研究两类服务水平分级的联系。

具体方法为:①以乘客满意度与公交专用道延误的关系式为基础,通过分析公交专用道延误与单位公交专用道延误的关系,将该关系式转化为乘客满意度与单位公交专用道延误的关系式;②以此为基础,绘制乘客满意度与单位公交专用道延误的关系图;③结合车辆运行服务水平分级和乘客感知服务水平分级,得到乘客感知服务水平与车辆运行服务水平的关系图,基于此关系图,便可分析两类服务水平分级的关系。

(1)乘客满意度与单位公交专用道延误的关系

单位公交专用道延误是指公交车在单位长度(100 m)路段、单个停靠站和单个交叉口的延误之和,以 D_0 表示。将单位长度路段、单个停靠站和单个交叉口组成的部分称为公交专用道的一个单元,乘客上下车站点间的部分必然由多个这样的单元组成。相应地,式(7-4)中乘客上下车站点间的延误 D 等于多个单位公交专用道延误之和,即 $D = nD_0$。因此,乘客满意度与单位公交专用道延误的关系为:

$$\begin{cases} \ln\dfrac{P_1}{P_2+P_3+P_4} = 1.31 - 0.16(fivt+nD_0) \\ \ln\dfrac{P_1+P_2}{P_3+P_4} = 5.01 - 0.16(fivt+nD_0) \\ \ln\dfrac{P_1+P_2+P_3}{P_4} = 7.76 - 0.16(fivt+nD_0) \end{cases} \quad (7-5)$$

式中,D_0 表示单位公交专用道延误;n 表示公交专用道上乘客上下车站点间所包含的单元个数,其为整数或小数,单元是指单位长度(100 m)路段、单个停靠站和单个交叉口组成的部分;其他变量的含义同上。

(2) 车辆运行服务水平分级与乘客感知服务水平分级的关系

单位公交专用道延误对乘客满意度的影响视不同的理想车内时间而不同,因此,分析车辆运行服务水平分级与乘客感知服务水平分级关系的具体思路为:首先给定理想车内时间的取值;然后根据式(7-5),绘制给定的理想车内时间下乘客满意度与单位公交专用道延误的关系图;进而获得乘客感知服务水平与车辆运行服务水平的关系图;然后根据二者的关系图分析两类服务水平分级的关系。

本书给定的理想车内时间及对应的单元个数如表7-4所示。对于乘客上下车站点间所包含的单元个数n,其与理想车内时间是相互对应的。根据公交专用道乘客满意度问卷调查的经验,理想条件下公交车通过公交专用道的一个单元平均需要3 min,本书据此大致给出与理想车内时间对应的单元个数。

表7-4 理想车内时间及单元个数的取值

序号	理想车内时间(min)	乘客上下车站点间所包含的单元个数
1	10	3
2	20	6
3	30	10
4	40	12
5	50	15
6	60	18

普通公交专用道的车辆运行服务水平分级如表4-17所示,单位公交专用道延误的临界值分别为12 s、27 s和53 s。快速公交专用道的车辆运行服务水平分级如表4-18所示,单位公交专用道延误的临界值分别为13 s、28 s和53 s。两类专用道的车辆运行服务水平分级结果几乎相同,因此,对于两类专用道而言,分析发现其车辆运行服务水平分级与乘客感知服务水平分级的关系是相同的。

理想车内时间为10 min时的乘客满意度概率与单位公交专用道延误的关系如图7-3所示,从图中可见,对于10 min的理想车内时间,当单位公交专用道延误介于0~60 s时,乘客不满意和非常不满意的概率很小,满意和非常满意的概率很大,其中,乘客满意的概率最大。

理想车内时间为10 min时的乘客满意度与单位公交专用道延误的关系如图7-4所示。对于该理想车内时间,当单位公交专用道延误介于0~60 s时,乘客满意的概率最大,因此,对于该理想车内时间,单位公交专用道延误介于0~60 s时的乘客满意度为满意。

根据乘客感知服务水平分级即表6-7,当乘客满意度为满意时,乘客感知服务水平为二级。因此,对于10 min的理想车内时间,当单位公交专用道延误介于0~60 s时,乘客感知服务水平为二级。对于车辆运行服务水平分级,其单位公交专用道延误临界值均处于0~60 s,也就是说,对于车辆运行服务水平的一级、二级、三级及部分四级,其乘客感知服务水平均为二级,如图7-5所示。需要指出的是,车辆运行服务水平的四级是指单位公交专用道延误大于53 s的区间,无法研究整个四级区间,本书仅研究部分四级,即单位公交专用道延误介于53~60 s的部分。

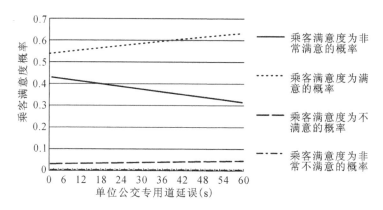

图 7-3 理想车内时间为 10 min 时的乘客满意度概率与单位公交专用道延误的关系

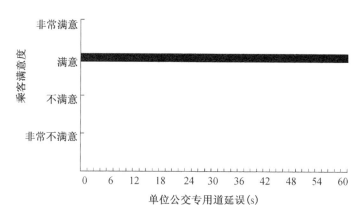

图 7-4 理想车内时间为 10 min 时的乘客满意度与单位公交专用道延误的关系

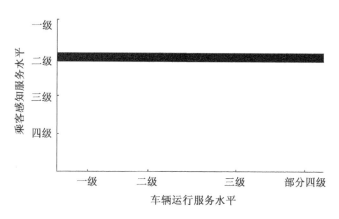

图 7-5 理想车内时间为 10 min 时的乘客感知服务水平与车辆运行服务水平的关系

理想车内时间为 20 min、30 min、40 min、50 min、60 min 时的乘客感知服务水平与车辆运行服务水平的关系如图 7-6～图 7-10 所示。

当理想车内时间为 20 min 时,车辆运行服务水平的一级、二级、三级及部分四级的乘客感知服务水平均为二级。

对于 30 min 的理想车内时间,当车辆运行服务水平为一级时,其乘客感知服务水平主要为二级,极小部分为三级,而车辆运行服务水平的二级、三级、部分四级对应的乘客感知服务水平均为三级。

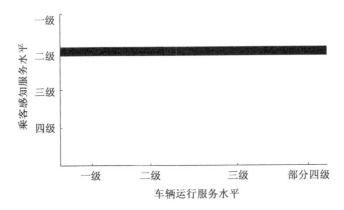

图 7-6 理想车内时间为 20 min 时的乘客感知服务水平与车辆运行服务水平的关系

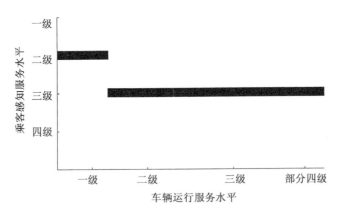

图 7-7 理想车内时间为 30 min 时的乘客感知服务水平与车辆运行服务水平的关系

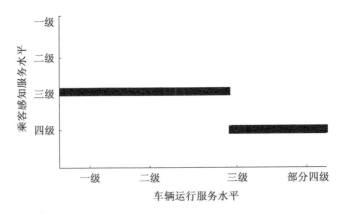

图 7-8 理想车内时间为 40 min 时的乘客感知服务水平与车辆运行服务水平的关系

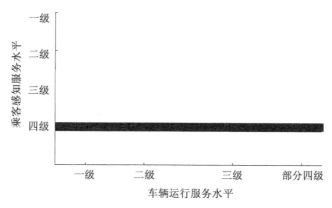

图 7-9 理想车内时间为 **50 min** 时的乘客感知服务水平与车辆运行服务水平的关系

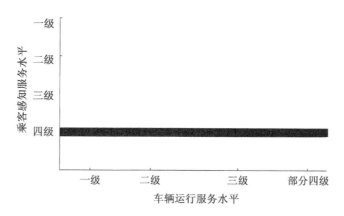

图 7-10 理想车内时间为 **60 min** 时的乘客感知服务水平与车辆运行服务水平的关系

当理想车内时间为 40 min 时，车辆运行服务水平的一级、二级对应的乘客感知服务水平为三级，车辆运行服务水平的三级对应的乘客感知服务水平为三级和四级，车辆运行服务水平的部分四级对应的乘客感知服务水平为四级。

当理想车内时间为 50 min 和 60 min 时，对于车辆运行服务水平的一级、二级、三级、部分四级，其乘客感知服务水平均为四级。

因此，车辆运行服务水平分级与乘客感知服务水平分级的关系如表 7-5 所示。

表 7-5 公交专用道车辆运行服务水平分级与乘客感知服务水平分级的关系

车辆运行服务水平	理想车内时间为 10 min 时的乘客感知服务水平	理想车内时间为 20 min 时的乘客感知服务水平	理想车内时间为 30 min 时的乘客感知服务水平	理想车内时间为 40 min 时的乘客感知服务水平	理想车内时间大于 50 min 时的乘客感知服务水平
一级	二级	二级	主要为二级	三级	四级
二级	二级	二级	三级	三级	四级
三级	二级	二级	三级	三级、四级	四级
部分四级	二级	二级	三级	四级	四级

备注：部分四级是指四级区间中单位公交专用道延误介于 53~60 s 的部分

7.3 本章小结

　　本章首先间接地研究了乘客感知服务水平对车辆运行服务水平的影响:通过分析车内拥挤度对上车乘客数和单位乘客上车时间的影响,研究了考虑车内拥挤度影响的完成上下客时间;分析了基于乘客满意度对车辆运行服务水平的服务乘客量进行修正的方法,并按此方法对 4.2.4 节的服务乘客量进行修正,得到了保证乘客满意的服务乘客量。

　　然后研究了车辆运行服务水平与乘客感知服务水平的关系:分析了研究乘客满意度与公交专用道延误关系的方法,并按此方法,结合乘客满意度问卷调查回收的有效样本,建立了乘客满意度与公交专用道延误的关系式;给出了研究车辆运行服务水平分级与乘客感知服务水平分级关系的方法,并按此方法分析了不同理想车内时间下两类服务水平分级的关系。

第八章 公交专用道服务水平评估方法及实例分析

本章以前面章节内容为基础,考虑决策者评估公交专用道服务水平所关注的问题,旨在梳理出公交专用道服务水平的评估方法,以方便本书研究成果在实践中的应用,并通过实例分析对公交专用道服务水平评估方法进行示例性说明。

8.1 公交专用道服务水平评估方法

公交专用道服务水平是对公交专用道提供的服务质量的等级量化,通常是指以特定指标描述的公交专用道上公交车辆运行状况与乘客感知状况的等级水平,分为一级~四级 4 个级别,其中,一级代表最好,四级代表最差;包括车辆运行服务水平和乘客感知服务水平两方面。公交专用道服务水平评估方法包括车辆运行服务水平评估方法和乘客感知服务水平评估方法。

8.1.1 车辆运行服务水平评估方法

对于公交专用道来说,不同时段的车辆运行服务水平是不同的,不同部分的车辆运行服务水平亦不同,决策者关注公交专用道不同时空的服务水平。因此,车辆运行服务水平评估方法的思路为:首先划分区间,即将公交专用道划分成不同的部分;然后评估区间的车辆运行服务水平,即评估每一区间不同时段的车辆运行服务水平;然后评估公交专用道的车辆运行服务水平,即将所有区间不同时段的服务水平汇总,得到公交专用道不同时空下的车辆运行服务水平。

8.1.1.1 划分区间

划分区间的方法为:以停靠站划分公交专用道的区间,从公交专用道的起点站开始,将两个停靠站间不包括下游方向停靠站的部分划分为一个区间,直到划分到终点站,并给每个区间编号,如图 8-1 所示。

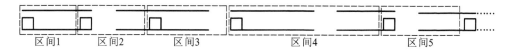

图 8-1 公交专用道区间划分示意图

8.1.1.2 区间的车辆运行服务水平评估

区间的车辆运行服务水平评估即评估公交专用道上每一区间不同时段的车辆运行服务水

平。为了详细地分析不同时段的服务水平,可以 15 min、20 min 或 30 min 等为间隔分析一天(6:00~20:00)的车辆运行服务水平。下面以 30 min 为例说明车辆运行服务水平评估方法。

为了评估区间的车辆运行服务水平,首先要获得公交车在区间的延误,包括公交车在区间的路段、停靠站和交叉口的延误;然后结合车辆运行服务水平分级,进行区间的车辆运行服务水平评估。

(1) 区间的延误调查

公交车在区间的延误包括公交车在区间的路段、交叉口和停靠站的延误。不同时段的路段延误可根据跟车法、输出-输入法等方法进行获取,不同时段的交叉口延误可根据点样本法、抽样追踪法等方法进行获取,相关的著作及论文对这些方法均有详细的介绍,本书不对此作介绍。本书主要对停靠站延误的获取方法作详细的介绍。第三章建立了停靠站延误估算模型,可应用该模型获取公交车在停靠站的延误。因此,首先要进行停靠站实地调查,以获得延误模型中解释变量的取值;然后根据停靠站延误估算模型计算不同时段的停靠站延误。

停靠站实地调查的调查时间为 6:00~20:00,调查内容为记录调查时间内所有到达的公交车,针对每辆公交车,记录其开始减速进站时刻和离开停靠站时刻,并精确到秒,调查表格如表 8-1 所示。调查开始前,调查员将停靠站名称、停靠站类型、泊位数、调查时间、进口道红灯时间、交叉口周期长度记录于调查表中。调查过程中会遇到一些意外情况,同一调查员对这些意外情况的处理偏于一致,则由于这些意外导致的误差可以抵消。多名调查员容易产生重复记录、遗漏记录的现象。因此,建议 1 名调查员完成调查任务,并建议调查员站在站台中央以便于观测记录。

表 8-1 停靠站实地调查的调查表

停靠站名称_____ 停靠站类型_____
调查时间_____ 停靠站泊位数_____
进口道红灯时间_____ 交叉口周期长度_____

车辆序号	开始减速进站时刻	离开停靠站时刻
1		
2		
3		
4		
5		
……		

备注:停靠站类型是指路中停靠站、上游停靠站、下游停靠站;进口道红灯时间、交叉口周期长度仅针对上游停靠站

完成停靠站实地调查后,便可进行停靠站延误的计算,计算表如表 8-2 所示。具体的步骤为:

① 将停靠站的基本信息记在表 8-2 中,包括名称、类型、所在区间的编号、泊位数、红灯时间、周期长度等。

② 计算每一 30 min 内的到达率。以开始减速进站时刻为准,统计表 8-1 中每一

30 min内到达的公交车数量,并转化为每秒到达率,记录于表8-2中第二列。

③ 计算每一30 min内的平均停靠时间。计算表8-1中所有记录车辆的停靠时间,停靠时间等于"离开停靠站时刻"减去"开始减速进站时刻"。以开始减速进站时刻为准,计算每一30 min内到达公交车的停靠时间的均值,即为平均停靠时间,记录于表8-2中第三列。

④ 计算每一30 min内的单泊位通行能力。计算每一30 min内平均停靠时间的倒数,即为单泊位通行能力,记录于表8-2中第四列。

⑤ 计算每一30 min内的停靠站延误。根据本书建立的停靠站延误估算模型计算停靠站延误,路中停靠站和下游停靠站的延误根据式(3-25)或式(3-26)进行计算,上游停靠站的延误根据式(3-23)或式(3-24)进行计算。延误估算模型中的未知参数θ可取为0.4670,用户也可根据当地数据估计该参数。对于每一30 min,将泊位数、红灯时间、周期长度、到达率、单泊位通行能力代入延误估算模型,计算结果即为每一30 min内的停靠站延误,记录于表8-2中第五列。

表8-2 停靠站延误的计算表

停靠站名称_____　　　　　　　　　　　　停靠站类型_____
所在区间编号_____　　　　　　　　　　　停靠站泊位数_____
进口道红灯时间_____　　　　　　　　　　交叉口周期长度_____

时段	到达率(辆/s)	平均停靠时间(s)	单泊位通行能力(辆/s)	停靠站延误(s)
6:00～6:30				
6:30～7:00				
7:00～7:30				
7:30～8:00				
...				
18:30～19:00				
19:00～19:30				
19:30～20:00				

备注:停靠站类型是指路中停靠站、上游停靠站、下游停靠站;进口道红灯时间、交叉口周期长度仅针对上游停靠站

(2) 区间的车辆运行服务水平评估

车辆运行服务水平基于单位公交专用道延误划分了服务水平分级,单位公交专用道延误是指公交车在单位长度(100 m)路段、单个停靠站和单个交叉口的延误之和。从划分区间的方法可见,公交专用道的区间必包含一个停靠站,或包含一个交叉口,路段长度大于100 m。因此,对于不包含交叉口的区间,将其交叉口延误记为零;对于路段延误,将其转化为单位长度(100 m)路段的延误;对于包含上游停靠站的区间,停靠站延误已将交叉口延误考虑在内,故不必计算交叉口延误。

将区间的单位长度路段延误、停靠站延误和交叉口延误相加,即为区间的单位公交专用道延误;然后根据车辆运行服务水平分级即表4-17或表4-18,确定区间的车辆运行服务水平等级,如表8-3所示。

表 8-3　公交专用道区间的车辆运行服务水平评估表

区间编号_____　　　　　　　　　　　　　　　所包含的停靠站名称_____
所包含的路段长度_____　　　　　　　　　　　所包含的停靠站类型_____
是否包含交叉口_____

时段	路段延误（s）	单位长度路段延误(s)	停靠站延误（s）	交叉口延误（s）	区间的单位公交专用道延误(s)	区间的车辆运行服务水平等级
6:00～6:30						
6:30～7:00						
7:00～7:30						
7:30～8:00						
…						
18:30～19:00						
19:00～19:30						
19:30～20:00						

备注：停靠站类型是指路中停靠站、上游停靠站、下游停靠站；对于包含上游停靠站的区间，不必计算交叉口延误；单位长度路段是指 100 m 的路段；对于不包含交叉口的区间，将交叉口延误取为 0

8.1.1.3　公交专用道的车辆运行服务水平评估

按照 8.1.1.2 节的方法，评估完所有区间的车辆运行服务水平后，将评估结果（车辆运行服务水平等级和单位公交专用道延误）汇总，即为公交专用道不同时空下的车辆运行服务水平，如表 8-4 所示。从表 8-4 中可以清楚地了解公交专用道不同部分、不同时段的车辆运行服务水平，为分析公交专用道的时空瓶颈提供了有效途径。

表 8-4　公交专用道的车辆运行服务水平评估表

公交专用道起点站名称_____　　　　　　　　　公交专用道终点站名称_____
公交专用道的区间个数_____

时段＼区间编号	区间 1	区间 2	区间 3	区间 4	区间 5	区间 6	……
车辆运行服务水平等级/单位公交专用道延误(s)							
6:00～6:30							
6:30～7:00							
7:00～7:30							
7:30～8:00							
…							
18:30～19:00							
19:00～19:30							
19:30～20:00							

8.1.2 乘客感知服务水平评估方法

评估公交专用道乘客感知服务水平关注的是乘客对公交专用道服务的总体感受以及不同乘客群体对公交专用道服务的感受。公交专用道乘客感知服务水平评估方法的思路为：针对要进行服务水平评估的公交专用道，调查乘客满意度估计模型中的解释变量；根据本书建立的乘客满意度估计模型及感知服务水平分级，分析每位乘客的感知服务水平；进而分析乘客总体感知服务水平；然后划分乘客群体，分析不同乘客群体的感知服务水平。

8.1.2.1 问卷调查

为了获得乘客满意度估计模型中的解释变量，需在公交专用道上进行问卷调查。问卷调查以在公交专用道上进行完全性且经常性出行的乘客为目标乘客。开展调查前，查询公交专用道上的公交线路以便调查员乘坐。考虑到经常性出行多为通勤出行，因此将调查时间选在早高峰（7:00~9:00）和晚高峰（16:00~18:00）。记录公交车型号以便查询其面积。记录开展每次调查时的车内乘客数，以结合公交车面积计算车内拥挤度。调查内容为乘客个人属性和当前出行的出行特征，包括年龄、受教育程度、是否有私家车、进行当前出行的频率、上下车停靠站名称、到站时间、计划等车时间、平均等车时间、车内时间，调查问卷如表8-5所示。调查方法为调查员连续跟车，一对一询问乘客问卷内容并及时记录。建议多名调查员同时参与调查以获取大量问卷，且每名调查员跟随1辆车。

表8-5 公交专用道问卷调查表

公交专用道起点站名称_____　　　　　　　公交专用道终点站名称_____
调查时间_____　　　　　　　　　　　　　　公交车型号_____
开展本次调查时车内乘客数_____

年龄_____
受教育程度_____
是否有私家车_____
进行当前出行的频率_____

上车停靠站_____
下车停靠站_____
根据日常出行经验，完成当前出行从出发点到停靠站平均用_____分钟
根据日常出行经验，完成当前出行，计划最长在停靠站等_____分钟，平均等_____分钟
根据日常出行经验，完成当前出行平均在车内乘坐_____分钟

后期处理信息：
公交车面积_____
停靠站设施水平_____
潜在等车时间_____
车内拥挤度_____

调查结束后，在回收的问卷中，挑选出完全在公交专用道上的经常性出行问卷作为有效样本。挑选方法为：通过"上下车停靠站名称"判别出行是否完全在公交专用道上；通过"进行当前出行的频率"判别是否为经常性出行。

8.1.2.2 乘客总体感知服务水平评估

乘客总体感知服务水平是指公交专用道乘客总的感知服务水平,以不同服务水平等级的比例表示。以问卷调查的有效样本作为公交专用道乘客的样本,首先分析有效样本中每位乘客的感知服务水平,以此为基础,分析乘客总体感知服务水平。

表 8-6 乘客总体感知服务水平评估表

公交专用道起点站名称_____　　　　　　　　　公交专用道终点站名称_____
调查时间_____

乘客编号	到站时间	潜在等车时间	车内时间	车内拥挤度	停靠站设施水平	是否有私家车	年龄	受教育程度	非常满意的概率	满意的概率	不满意的概率	非常不满意的概率	乘客满意度	感知服务水平等级
1														
2														
3														
4														
5														
6														
7														
8														
9														
10														
11														
……														

乘客总体感知服务水平:
乘客感知服务水平等级为一级的比例_____
乘客感知服务水平等级为二级的比例_____
乘客感知服务水平等级为三级的比例_____
乘客感知服务水平等级为四级的比例_____

乘客总体感知服务水平评估表如表 8-6 所示,乘客总体感知服务水平的评估步骤为:

(1) 确定每位乘客(每份问卷)的停靠站设施水平。停靠站设施水平是指候车停靠站有无座椅、遮挡物、实时到站信息,根据问卷中上车停靠站进行查询即可确定。

(2) 计算每位乘客的潜在等车时间和车内拥挤度。潜在等车时间等于计划等车时间减去平均等车时间,车内拥挤度等于车内乘客数除以公交车面积。

(3) 将有效样本中每位乘客的出行特征和个人属性记录于表 8-6 中第二列~第九列。

(4) 计算每位乘客的乘客满意度。对于每位乘客,将其到站时间、潜在等车时间、车内

时间、车内拥挤度、停靠站设施水平、是否有私家车、年龄、受教育程度代入本书建立的乘客满意度估计模型即式(6-10)，计算结果为非常满意的概率、满意的概率、不满意的概率和非常不满意的概率，记录于表8-6中第十列～第十三列；4个概率值中的最大概率值对应的级别即为乘客满意度，记录于表8-6中第十四列。

（5）确定每位乘客的感知服务水平等级。对于每位乘客，以其乘客满意度为依据，查本书建立的乘客感知服务水平分级即表6-7，即可得到感知服务水平等级，记录于表8-6中第十五列。

（6）计算乘客总体感知服务水平。统计表8-6中乘客感知服务水平等级为一级、二级、三级、四级的样本数；计算每一等级所占比例，即为乘客总体感知服务水平，记录于表8-6底部。

8.1.2.3　不同乘客群体感知服务水平评估

相同的公交服务，不同乘客的感受是不同，分析完乘客总体感知服务水平后，有必要分析不同乘客群体的感知服务水平。首先划分乘客群体；然后分析每类乘客的出行特征；根据本书建立的乘客满意度估计模型及感知服务水平分级，确定不同乘客群体的感知服务水平。

乘客满意度估计模型中包含的个人属性有是否有私家车、年龄、受教育程度。其他属性如性别、职业、出行目的等没有被纳入模型，说明这些属性不同类别的乘客满意度没有显著差异。因此，根据是否有私家车、年龄、受教育程度划分乘客群体。

在乘客满意度估计模型中，是否有私家车有2个类别(有私家车、无私家车)，年龄有2个类别(年龄处于40～59岁、年龄不处于40～59岁)，受教育程度有2个类别(大专、非大专)，因此可将乘客群体分为8类，分别为有私家车40～59岁大专类乘客、有私家车40～59岁非大专类乘客、有私家车非40～59岁大专类乘客、有私家车非40～59岁非大专类乘客、无私家车40～59岁大专类乘客、无私家车40～59岁非大专类乘客、无私家车非40～59岁大专类乘客、无私家车非40～59岁非大专类乘客。

不同乘客群体感知服务水平评估表如表8-7所示，不同乘客群体感知服务水平的评估步骤为：

（1）在问卷调查的有效样本中，分类整理每类乘客群体的问卷。

（2）计算每类乘客群体的出行特征平均值。对于每类乘客群体，计算其到站时间、潜在等车时间、车内时间、车内拥挤度的平均值，即为平均到站时间、平均潜在等车时间、平均车内时间、平均车内拥挤度，记录于表8-7中第二列～第五列。对于停靠站设施水平，每类乘客群体取为相同，均有或者均没有。

（3）计算每类乘客群体的乘客满意度。对于每类乘客群体，其本身为乘客满意度估计模型中个人属性解释变量的取值，将其平均到站时间、平均潜在等车时间、平均车内时间、平均车内拥挤度代入乘客满意度估计模型即式(6-10)，计算结果为非常满意的概率、满意的概率、不满意的概率和非常不满意的概率，记录于表8-7中第六列～第九列；4个概率值中的最大概率值对应的级别即为乘客满意度，记录于表8-7中第十列。

（4）确定每类乘客群体的感知服务水平等级。对于每类乘客群体，以乘客满意度为依据，查乘客感知服务水平分级即表6-7，即可得到感知服务水平等级，记录于表8-7中最后一列。

表 8-7　不同乘客群体感知服务水平评估表

公交专用道起点站名称_____　　　　　　　　　公交专用道终点站名称_____
调查时间_____

乘客群体	平均到站时间	平均潜在等车时间	平均车内时间	平均车内拥挤度	非常满意的概率	满意的概率	不满意的概率	非常不满意的概率	乘客满意度	感知服务水平等级
有私家车 40～59 岁大专类乘客										
有私家车 40～59 岁非大专类乘客										
有私家车非 40～59 岁大专类乘客										
有私家车非 40～59 岁非大专类乘客										
无私家车 40～59 岁大专类乘客										
无私家车 40～59 岁非大专类乘客										
无私家车非 40～59 岁大专类乘客										
无私家车非 40～59 岁非大专类乘客										

8.2　公交专用道服务水平评估方法的应用及评价

本书建立的公交专用道服务水平评估方法的总体思路如图 8-2 所示,包括车辆运行服务水平评估方法和乘客感知服务水平评估方法。车辆运行服务水平评估的思路为:首先将公交专用道划分为不同的区间,评估每一区间不同时段的车辆运行服务水平,然后将所有区间的评估结果汇总,即为公交专用道不同时空的车辆运行服务水平。乘客感知服务水平评估的思路为:针对问卷调查回收的有效样本,首先评估每位乘客的感知服务水平,以此为基础确定乘客总体感知服务水平,并评估不同乘客群体的感知服务水平。

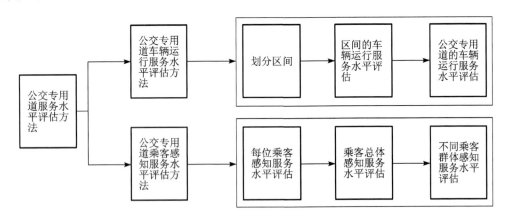

图 8-2　公交专用道服务水平评估方法的总体思路

本书建立的公交专用道服务水平评估方法在现状层面和规划设计层面均有广泛的应用。①现状层面：本书的评估方法可用于评估公交专用道不同时空下的运营状况，以发现运营过程中存在的问题，包括分析不同时空的延误、乘客满意度、车辆运行服务水平等级和乘客感知服务水平等级；此外，针对公交专用道的多种改善方案，本书的评估方法可用来比选合理的改善方案。②规划层面：本书的评估方法亦可评估规划条件下的公交专用道运营状况，包括分析规划条件下的延误、乘客满意度、车辆运行服务水平等级和乘客感知服务水平等级，从而为是否新建公交专用道提供决策依据。③设计层面：为了达到公交专用道规划时指定的服务水平等级，本书的评估方法可用于进行该等级下的停靠站设计（如泊位数、站距、站点线路数等）、发车频率优化、公交网络优化等。

本书的评估方法分别从车辆运行状况和乘客感知状况两方面评价公交服务，以单一指标为评价指标，给出评价指标的计算模型和基于评价指标的服务水平分级，评估结果为服务水平等级。TCQSM建立了公交多指标服务水平分级，以多指标评价公交服务。TCQSM提出的方法适合评价公交的运行状况，但难以比较不同公交系统的服务。与TCQSM提出的方法相比，本书的评估方法还可评价乘客的感受，且可用来比较不同的公交专用道服务。我国学者也以多指标评价公交服务，通过调查乘客对于指标重要性和满意度的评分进行评价，评价结果受乘客主观性的影响较大。与我国现有的研究相比，本书的评估方法客观实用，车辆运行状况的评价通过计算延误得到，乘客感知的评价通过计算乘客满意度得到。此外，与我国现有的研究相比，本书的评估方法还可量化服务水平等级。

相同的公交服务，不同乘客的感受是不同的，本书的评估方法很好地体现了这一点。乘客感知服务水平评估方法中的乘客满意度估计模型以乘客个人属性为部分解释变量，这一特点使得不同乘客特有的感受得以体现。将乘客个人属性作为解释变量引入服务水平评估是本书评估方法的重要贡献。

8.3 实例分析

应用本书建立的公交专用道服务水平评估方法对某快速公交专用道的服务水平进行评估。本例仅是对本书评估方法的示例性说明，故以该公交专用道的一段为评估对象，且仅评估其在16：00～20：00的服务水平。

（1）车辆运行服务水平评估

首先进行区间划分，将公交专用道段分为两个区间；评估这两个区间不同时段的车辆运行服务水平；然后将两个区间的评估结果汇总，即为公交专用道段不同时空的车辆运行服务水平。

两个区间包含的停靠站均为上游停靠站，故不必调查交叉口延误；采用跟车法调查不同时段的路段延误；进行上游停靠站实地调查，采用的调查表为表8-1，根据式(3-24)计算停靠站延误，两个区间的停靠站延误计算表如表8-8、表8-10所示。结合车辆运行服务水平分级即表4-18，根据路段延误和停靠站延误便可分析区间的车辆运行服务水平，两个区间的车辆运行服务水平评估表如表8-9、表8-11所示。将两个区间的评估结果汇总，即为公交专用道段的车辆运行服务水平,如表8-12所示。

表8-8 区间1停靠站延误的计算表

停靠站名称 __T1__   停靠站类型 __上游停靠站__
所在区间编号 __1__   停靠站泊位数 __2__
进口道红灯时间 __102 s__   交叉口周期长度 __150 s__

时段	到达率(辆/s)	平均停靠时间(s)	单泊位通行能力(辆/s)	停靠站延误(s)
16:00~16:30	0.010 0	112.33	0.008 9	107.99
16:30~17:00	0.008 9	85.00	0.011 8	29.47
17:00~17:30	0.008 9	73.88	0.013 5	18.72
17:30~18:00	0.008 9	40.25	0.024 8	3.00
18:00~18:30	0.008 9	81.75	0.012 2	25.93
18:30~19:00	0.008 9	68.14	0.014 7	14.51
19:00~19:30	0.011 1	65.00	0.015 4	20.33
19:30~20:00	0.010 0	65.00	0.015 4	16.11

表8-9 区间1的车辆运行服务水平评估表

区间编号 __1__   所包含的停靠站名称 __T1__
所包含的路段长度 __1 000 m__   所包含的停靠站类型 __上游停靠站__
是否包含交叉口 __是__

时段	路段延误(s)	单位长度路段延误(s)	停靠站延误(s)	交叉口延误(s)	区间的单位公交专用道延误(s)	区间的车辆运行服务水平等级
16:00~16:30	8.00	0.80	107.99	/	108.79	四级
16:30~17:00	0	0	29.47	/	29.47	三级
17:00~17:30	6.00	0.60	18.72	/	19.32	二级
17:30~18:00	10.00	1.00	3.00	/	4.00	一级
18:00~18:30	3.8	0.38	25.93	/	26.31	二级
18:30~19:00	12.1	1.21	14.51	/	15.72	二级
19:00~19:30	5.8	0.58	20.33	/	20.91	二级
19:30~20:00	0	0	16.11	/	16.11	二级

表 8-10 区间 2 停靠站延误的计算表

停靠站名称 __T2__　　　　　　　　　　　　　　　停靠站类型 __上游停靠站__
所在区间编号 __2__　　　　　　　　　　　　　　停靠站泊位数 __2__
进口道红灯时间 __147 s__　　　　　　　　　　　交叉口周期长度 __209 s__

时间	到达率(辆/s)	平均停靠时间(s)	单泊位通行能力(辆/s)	停靠站延误(s)
16:00~16:30	0.016 7	65.67	0.015 2	59.20
16:30~17:00	0.014 4	58.31	0.017 2	26.45
17:00~17:30	0.014 4	59.31	0.016 9	28.03
17:30~18:00	0.013 3	50.17	0.019 9	13.42
18:00~18:30	0.014 4	83.54	0.012 0	101.23
18:30~19:00	0.016 7	56.07	0.017 8	32.92
19:00~19:30	0.013 3	32.92	0.030 4	3.70
19:30~20:00	0.012 2	55.91	0.017 9	15.67

表 8-11 区间 2 的车辆运行服务水平评估表

区间编号 __2__　　　　　　　　　　　　　　　　所包含的停靠站名称 __T2__
所包含的路段长度 __2 000 m__　　　　　　　　所包含的停靠站类型 __上游停靠站__
是否包含交叉口 __是__

时段	路段延误(s)	单位长度路段延误(s)	停靠站延误(s)	交叉口延误(s)	区间的单位公交专用道延误(s)	区间的车辆运行服务水平等级
16:00~16:30	30	1.50	59.20	/	60.70	四级
16:30~17:00	10	0.50	26.45	/	26.95	二级
17:00~17:30	32.4	1.62	28.03	/	29.65	三级
17:30~18:00	9.6	0.48	13.42	/	13.90	二级
18:00~18:30	11.4	0.57	101.23	/	101.80	四级
18:30~19:00	21.6	1.08	32.92	/	34.00	三级
19:00~19:30	0	0	3.70	/	3.70	一级
19:30~20:00	0	0	15.67	/	15.67	二级

表 8-12 公交专用道段的车辆运行服务水平评估表

时段＼区间编号	区间1	区间2
车辆运行服务水平等级/单位公交专用道延误(s)		
16:00～16:30	四级/108.79	四级/60.70
16:30～17:00	三级/29.47	二级/26.95
17:00～17:30	二级/19.32	三级/29.65
17:30～18:00	一级/4.00	二级/13.90
18:00～18:30	二级/26.31	四级/101.80
18:30～19:00	二级/15.72	三级/34.00
19:00～19:30	二级/20.91	一级/3.70
19:30～20:00	二级/16.11	二级/15.67

(2) 乘客感知服务水平评估

首先进行问卷调查；针对调查回收的有效样本，评估每位乘客的感知服务水平，进而评估乘客总体感知服务水平；并评估不同乘客群体的感知服务水平。

问卷调查采用的调查表为表 8-5，仅以调查的 25 名乘客为例进行示例性说明。按照 8.1.2.2 中乘客总体感知服务水平的评估步骤，乘客总体感知服务水平评估表如表 8-13 所示。其中，非常满意的概率、满意的概率、不满意的概率和非常不满意的概率根据式(6-10)计算得到，乘客感知服务水平等级查表 6-7 确定。乘客总体感知服务水平中，一级、二级、三级和四级的比例分别为 24%、60%、12% 和 4%。

按照 8.1.2.3 中不同乘客群体感知服务水平的评估步骤，不同乘客群体的感知服务水平评估表如表 8-14 所示。从表中可见，不同乘客群体的感知服务水平等级是不同的。

表 8-13 乘客总体感知服务水平评估表

乘客编号	到站时间(min)	潜在等车时间(min)	车内时间(min)	车内拥挤度(人/m²)	停靠站设施水平	是否有私家车	年龄(岁)	受教育程度	非常满意的概率	满意的概率	不满意的概率	非常不满意的概率	乘客满意度	感知服务水平等级
1	11	10	40	1.37	有	有	48	大专	0.00	0.01	0.90	0.09	不满意	三
2	20	15	45	2.15	有	有	41	大专	0.00	0.00	0.00	1.00	非常不满意	四
3	12	10	18	2.09	有	有	49	初中	0.00	0.88	0.12	0.00	满意	二
4	3	11	25	2.35	有	有	43	高中	0.00	0.80	0.20	0.00	满意	二
5	3	11	20	1.85	有	有	39	大专	0.00	0.97	0.03	0.00	满意	二
6	20	4	40	0.38	有	有	23	大专	0.00	0.01	0.89	0.10	不满意	三

续表 8-13

乘客编号	到站时间(min)	潜在等车时间(min)	车内时间(min)	车内拥挤度(人/m²)	停靠站设施水平	是否有私家车	年龄(岁)	受教育程度	非常满意的概率	满意的概率	不满意的概率	非常不满意的概率	乘客满意度	感知服务水平等级
7	3	6	12	1.60	有	有	19	高中	0.23	0.77	0.00	0.00	满意	二
8	10	2	16	1.21	有	有	33	本科	0.07	0.93	0.00	0.00	满意	二
9	4	5	8	0.65	有	有	29	硕士	0.74	0.26	0.00	0.00	非常满意	一
10	7	2	22	0.22	有	无	48	大专	0.43	0.57	0.00	0.00	满意	二
11	12	9	16	2.25	有	无	41	大专	0.01	0.99	0.00	0.00	满意	二
12	8	5	26	1.88	有	无	52	大专	0.01	0.99	0.01	0.00	满意	二
13	18	6	30	0.67	有	无	48	大专	0.00	0.56	0.44	0.00	满意	二
14	2	6	15	0.60	有	无	45	本科	0.60	0.40	0.00	0.00	非常满意	一
15	8	5	25	0.49	有	无	56	高中	0.01	0.99	0.01	0.00	满意	二
16	5	8	10	0.52	有	无	57	初中	0.56	0.44	0.00	0.00	非常满意	一
17	15	9	23	0.30	有	无	42	高中	0.00	0.76	0.24	0.00	满意	二
18	6	4	10	1.57	有	无	25	大专	0.87	0.13	0.00	0.00	非常满意	一
19	3	2	10	0.56	有	无	30	大专	0.99	0.01	0.00	0.00	非常满意	一
20	6	4	12	1.41	有	无	27	大专	0.76	0.24	0.00	0.00	非常满意	一
21	10	8	20	1.05	有	无	26	硕士	0.00	0.96	0.04	0.00	满意	二
22	4	3	16	1.11	有	无	34	本科	0.44	0.56	0.00	0.00	满意	二
23	10	8	14	1.44	有	无	39	本科	0.01	0.99	0.00	0.00	满意	二
24	15	7	26	2.48	有	无	35	本科	0.00	0.29	0.70	0.00	不满意	三
25	9	3	10	2.87	有	无	36	本科	0.46	0.54	0.00	0.00	满意	二

乘客总体感知服务水平：
乘客感知服务水平等级为一级的比例　24%
乘客感知服务水平等级为二级的比例　60%
乘客感知服务水平等级为三级的比例　12%
乘客感知服务水平等级为四级的比例　4%

表 8-14 不同乘客群体感知服务水平评估表

乘客群体	平均到站时间	平均潜在等车时间	平均车内时间	平均车内拥挤度	非常满意的概率	满意的概率	不满意的概率	非常不满意的概率	乘客满意度	感知服务水平等级
有私家车40~59岁大专类乘客	15.50	12.50	42.50	1.76	0.00	0.00	0.14	0.86	非常不满意	四
有私家车40~59岁非大专类乘客	7.50	10.50	21.50	2.22	0.00	0.84	0.16	0.00	满意	二
有私家车非40~59岁大专类乘客	11.50	7.50	30.00	1.12	0.00	0.31	0.69	0.00	不满意	三
有私家车非40~59岁非大专类乘客	5.67	4.33	12.00	1.15	0.29	0.71	0.00	0.00	满意	二
无私家车40~59岁大专类乘客	11.25	5.50	23.50	1.26	0.01	0.99	0.01	0.00	满意	二
无私家车40~59岁非大专类乘客	7.50	7.00	18.25	0.48	0.04	0.96	0.00	0.00	满意	二
无私家车非40~59岁大专类乘客	5.00	3.33	10.67	1.18	0.92	0.08	0.00	0.00	非常满意	一
无私家车非40~59岁非大专类乘客	9.60	5.80	17.20	1.79	0.01	0.98	0.00	0.00	满意	二

8.4 本章小结

本章建立了公交专用道服务水平评估方法,包括车辆运行服务水平评估方法和乘客感知服务水平评估方法;车辆运行服务水平评估方法的思路为:首先将公交专用道划分为不同的区间,评估每一区间不同时段的车辆运行服务水平,然后将所有区间的评估结果汇总,即为公交专用道不同时空的车辆运行服务水平;乘客感知服务水平评估方法的思路为:针对问卷调查回收的有效样本,首先评估每位乘客的感知服务水平,以此为基础确定乘客总体感知服务水平,并评估不同乘客群体的感知服务水平;此外,还介绍了公交专用道服务水平评估方法的应用,并对方法进行了评价和简单的实例分析。

第九章 结论与展望

9.1 主要研究成果

公交专用道服务水平是对公交专用道提供的服务质量的等级量化,通常是指以特定指标描述的公交专用道上公交车辆运行状况与乘客感知状况的等级水平,包括车辆运行服务水平和乘客感知服务水平两方面。本书按照评价指标选取、指标影响因素分析、指标估算模型构建、服务水平分级及服务交通量界定的思路分别研究了车辆运行服务水平和乘客感知服务水平;并研究了车辆运行服务水平与乘客感知服务水平的关系;然后梳理了公交专用道服务水平评估方法,以方便本书研究成果的应用。本书的主要研究成果包括以下几个方面:

(1) 评价指标选取

可靠性和便捷性是我国公交服务的关键方面,公交车在公交专用道的延误(简称公交专用道延误)是破坏公交服务可靠性和便捷性的主要原因,本书选取公交专用道延误作为车辆运行服务水平的评价指标,公交专用道延误包括公交车在路段、停靠站和交叉口的延误;乘客满意度可直接体现乘客的感知,本书选取乘客满意度作为乘客感知服务水平的评价指标,并将其定义为:乘客在多次使用公交服务后,产生的对公交服务的总体主观感受,分为非常满意、满意、不满意、非常不满意 4 个级别。

(2) 停靠站延误估算模型

将公交车在停靠站的等待过程分解为情形 a、情形 b 和情形 c,以此将停靠站延误分为进站阻挡延误、转移进站阻挡延误和出站阻挡延误;并将停靠站延误定义为:公交车由于等待进站、等待前车离去和等待绿灯而在停靠站经历的平均等待时间,等于这 3 类延误之和。

通过对比 $M/M/s$ 模型顾客接受服务的过程和情形 a,采用 $M/M/s$ 模型的平均排队时间估计进站阻挡延误;通过分析排队时间波动、停靠时间波动及情形 b 的关系,采用排队时间标准差和情形 b 出现的概率估计转移进站阻挡延误;通过分析情形 b 和情形 c 的关系,采用排队时间标准差和情形 c 出现的概率估计出站阻挡延误。

运用排队论、随机变量函数及幂级数等相关知识,推导出平均排队时间、排队时间标准差、情形 b 出现的概率及情形 c 出现的概率,即得到 3 类延误的估算方法,将这 3 类延误相加得到停靠站延误估算模型;模型验证表明该模型的准确率可达到 80%。

(3) 公交专用道延误估算模型

结合停靠站延误估算模型,通过分析公交车在路段和交叉口延误的计算方法,得到了公交专用道延误估算模型。

(4) 车辆运行服务水平分级及服务交通量

基于本书建立的延误估算模型,通过选定模型中解释变量的取值,建立了用于车辆运行服务水平分级的延误样本;采用本书提出的服务水平分级方法、K 均值聚类及模糊 C 均值聚类分别进行车辆运行服务水平分级,然后通过分析 3 种方法的分级结果确定了公交专用道车辆运行服务水平分级。

基于公交专用道 VISSIM 仿真模型,建立了快速公交专用道延误与服务交通量的二次模型和线性模型,考虑到二次模型的局限性,采用线性模型确定了快速公交专用道各级服务水平的服务交通量。

(5) 乘客满意度估计模型

以乘客出行特征和乘客个人属性为拟定解释变量,按照"首先建立乘客满意度与所有拟定解释变量的模型,然后逐步剔除不显著相关的变量"的思路,运用有序 Logistic 回归分析,构建了以到站时间、潜在等车时间、停靠站设施水平、车内时间、车内拥挤度、年龄、受教育程度、有无私家车为解释变量的乘客满意度估计模型;对模型分析后发现:乘客个人属性对公交专用道乘客满意度的影响要大于乘客出行特征。

(6) 乘客感知服务水平分级

基于乘客满意度的 4 种级别(非常满意、满意、不满意和非常不满意),给出了乘客感知服务水平分级。

(7) 潜在等车时间估算方法

考虑到大量可用的车载 GPS 数据和调查潜在等车时间的难度,基于现有文献对等车时间分布估算方法的研究不足,通过分析等车时间的概率密度、单车头时距内的等车时间分布及载客量比例,推导出两种基于车辆车头时距的等车时间分布估算方法,进而估算潜在等车时间。

(8) 车辆运行服务水平与乘客感知服务水平的关系

通过分析车内拥挤度对上车乘客数和单位乘客上车时间的影响,建立了考虑车内拥挤度的完成上下客时间的计算方法;通过分析乘客满意度与车内拥挤度的关系,对各级车辆运行服务水平的运输能力进行了修正;以车内时间为纽带,建立了乘客满意度与公交专用道延误的关系式;分析了不同理想车内时间下,各级车辆运行服务水平等级对应的乘客感知服务水平等级。

(9) 公交专用道服务水平评估方法

为了方便本书研究成果在实践中的应用,结合决策者评估公交专用道服务水平所关注的问题,设计了公交专用道服务水平评估方法。该方法中,车辆运行服务水平的评估流程为:公交专用道区间划分、评估每一区间不同时段的车辆运行服务水平、评估公交专用道不同时空的车辆运行服务水平;并明确给出了延误的调查方法、延误的计算步骤及车辆运行服务水平的评估步骤。乘客感知服务水平的评估流程为:问卷调查、乘客总体感知服务水平评估、不同乘客群体感知服务水平评估;并明确给出了问卷调查方法、乘客总体及不同乘客群体感知服务水平的评估步骤。

9.2 主要创新点

(1) 从理论上建立了停靠站延误估算模型

公交车在停靠站的延误是破坏公交系统运营状况的主要原因,每辆车在每个站的延误或许仅为数十秒、几十秒,但折算成所有车所有乘客的延误是一个巨大的数字,这对于国民经济是一个极大的损失。合理估算停靠站延误对于改善公交服务水平和居民出行质量、减少国民经济损失有重要的推动作用。目前国内外对于停靠站延误估算方法进行了一定的研究,国内既有文献是采用回归分析和元胞自动机模型研究停靠站延误。

本书建立了停靠站延误估算模型,并通过理论推导建立该模型。首先从理论上分析出采用排队论中的平均排队时间、排队时间标准差及延误产生概率来估算延误;然后运用排队论、随机变量函数及幂级数等相关知识推导出排队时间标准差和延误产生概率,进而建立停靠站延误估算模型。

(2) 从理论上建立了公交专用道车辆运行服务水平分级

本书进行了公交专用道车辆运行服务水平分级的理论研究,首先分别采用本书提出的服务水平分级方法、K 均值聚类及模糊 C 均值聚类进行车辆运行服务水平分级,然后通过分析 3 种方法的分级结果建立了公交专用道车辆运行服务水平分级。

(3) 建立了乘客满意度估计模型

目前国内外对于乘客满意度的研究主要偏重于定性研究,而本书采用建模的思路研究乘客满意度,将乘客满意度分为非常满意、满意、不满意、非常不满意 4 个级别,运用有序 Logistic 回归方法建立了乘客满意度估计模型,可定量计算乘客满意度。

相同的公交服务,不同乘客的感受是不同的,乘客满意度估计模型很好地体现了这一点,该模型以乘客个人属性为部分解释变量,这一特点使得不同乘客特有的感受得以体现。

(4) 进行了公交专用道乘客感知服务水平研究

现有公交专用道服务水平研究主要关注车辆运行状况,针对这一事实,本书除了关注车辆运行状况,还进行了乘客感知服务水平研究。选取乘客满意度作为乘客感知服务水平的评价指标,建立了乘客满意度估计模型,并建立了基于乘客满意度的乘客感知服务水平分级。

(5) 基于乘客满意度修正了车辆运行各级服务水平的运输能力

基于服务交通量和额定载客量得到的各级服务水平的服务乘客量没有考虑乘客的感受,乘客可能由于感受不良而转移致使达不到期望的运输能力。本书通过分析乘客满意度与车内拥挤度的关系,得到保证乘客满意的最大车内拥挤度,然后基于该最大车内拥挤度对各级服务水平的服务乘客量进行了修正。

(6) 建立了公交专用道服务水平评估方法

基于本书研究成果,考虑决策者评估公交专用道服务水平所关注的问题,建立了公交专用道服务水平评估方法。该方法可用于评估公交专用道不同时空的运营状况,以发现运营过程中存在的问题;亦可评估规划条件下的公交专用道运营状况,为是否新建公交专用道提供决策依据;也可作为进行指定服务水平等级下公交专用道设计的工具。

9.3 研究的不足与展望

本书虽然取得了一些研究成果,但由于研究条件和研究数据的限制、研究问题的复杂性,仍存在一些值得进一步深入研究的问题。本书的不足之处及有待进一步研究的问题为:

(1) 进一步研究公交专用道服务水平分级问题

本书采用 K 均值聚类及模糊 C 均值聚类等理论方法研究了公交专用道车辆运行服务水平分级，研究成果较为客观，以后可研究主观与客观相结合的公交专用道服务水平分级问题。

(2) 考虑更多乘客个人属性的乘客满意度估计模型研究

本书建立的乘客满意度估计模型以到站时间、潜在等车时间、停靠站设施水平、车内时间、车内拥挤度、年龄、受教育程度、有无私家车为解释变量，该模型仅包含 3 个乘客个人属性。为了更加全面地反映不同乘客特有的感受，以后可进行大量的问卷调查以获得大样本数据，进而建立包含更多乘客个人属性的乘客满意度估计模型。

(3) 进一步研究车辆运行服务水平与乘客感知服务水平的关系

本书从两类服务水平评价指标的关系、两类服务水平分级的关系、乘客满意度对车辆运行服务水平运输能力的影响、车内拥挤度对完成上下客时间的影响等角度，研究了车辆运行服务水平与乘客感知服务水平的关系，以后可进一步深入地研究两类服务水平的关系。

(4) 考虑社会车辆影响的停靠站延误估算模型研究

对于路边型普通公交专用道的停靠站，公交车在此停靠时可能受到社会车辆的影响，本书在构建其延误估算模型时，没有考虑社会车辆的影响，以后可进行考虑社会车辆影响的延误估算模型研究。

(5) 车辆运行四级服务水平的服务交通量与公交专用道通行能力的关系研究

本书基于单位公交专用道延误与服务交通量的关系界定了各级服务水平的服务交通量，但对于四级服务水平的服务交通量与公交专用道通行能力的关系没有进行研究，因此，以后应对四级服务水平的服务交通量及其与通行能力的关系进行进一步的研究。

参 考 文 献

[1] 中华人民共和国环境保护部.中国机动车污染防治年报[R].北京:中华人民共和国环境保护部,2011.

[2] 罗茜.交通堵塞带来的损失有多大?[J].百科知识,2013(6):22-23.

[3] 王长君,刘东波,高岩.全民交通行为安全性提升技术及其应用[J].交通信息与安全,2013,31(1):28-35.

[4] 中国交通技术网.2012年全国交通事故统计[DB/OL].http://www.tranbbs.com/Techarticle/TInformation/Techarticle_111913.shtml.

[5] 中华人民共和国环境保护部.中国机动车污染防治年报[R].北京:中华人民共和国环境保护部,2012.

[6] 周新军.交通运输业能耗现状及未来走势分析[J].中外能源,2010,15(7):9-18.

[7] 张浩然.城市交通资源配置与交通方式结构的互动机理[D].南京:东南大学,2008.

[8] 桑秀丽.城市公共交通服务水平评价体系研究[D].昆明:昆明理工大学,2007.

[9] 交通运输部道路运输司.城市公共交通"十二五"发展规划纲要(征求意见稿)[R].北京:交通运输部道路运输司,2010.

[10] 郭芸.城市道路设置公交专用道对机动车尾气排放的影响[D].北京:北京交通大学,2009.

[11] 雷莲桂.公交专用道对道路交通的影响[D].北京:北京交通大学,2008.

[12] 于春全,孙大伟.现代化城市交通管理的重大举措——论北京市开辟公交专用车道[J].城市交通,1997,3:12-15.

[13] Deng Taotao, Nelson John D. Recent Developments in Bus Rapid Transit: A Review of the Literature [J]. Transport Reviews, 2011, 31(1): 69-96.

[14] 杨远舟.快速公交时空优先策略及其建模研究[D].北京:北京交通大学,2011.

[15] 白子建.基于智能优化算法的快速公交(BRT)线网规划与发车频率优化研究[D].天津:天津大学,2007.

[16] 中国BRT.中国及世界各地的BRT(快速公交)系统信息[DB/OL].http://www.chinabrt.org/.

[17] 常州公交公司.常州快速公交系统(BRT)运行及反馈信息调查报告[R].常州:常州公交公司,2009.

[18] Roess Roger P, Vandehey Mark A, Kittelson Wayne. Level of Service 2010 and Beyond [J]. Transportation Research Record: Journal of the Transportation Research Board, No. 2173, 2010: 20-27.

[19] Transportation Research Board of the National Academies. Highway Capacity Manu-

al [R]. Washington, D. C. : Transportation Research Board, 2010.

[20] Transportation Research Board of the National Academies. TCRP Report 100: Transit Capacity and Quality of Service Manual [R]. 2nd ed. Washington, D. C. : Transportation Research Board, 2003.

[21] Pinellas Metropolitan Planning Organization. Pinellas Transit Quality of Service Evaluation [R]. Pinellas: Pinellas Metropolitan Planning Organization, 2004.

[22] Muley Deepti, Bunker Jonathan, Ferreira Luis. Evaluating Transit Quality of Service for Transit Oriented Development (TOD) [C]. In Proceedings of 30th Australasian Transport Research Forum, 25-27 September, 2007, Melbourne, Australia: 1-16.

[23] Camus Roberto, Longo Giovanni, Macorini Cristina. Estimation of Transit Reliability Level-of-Service Based on Automatic Vehicle Location Data [J]. Transportation Research Record: Journal of the Transportation Research Board, No. 1927, 2005: 277-286.

[24] Xin Yaping, Fu Liping, Saccomanno Frank F. Assessing Transit Level of Service along Travel Corridors Case Study using the Transit Capacity and Quality of Service Manual [J]. Transportation Research Record: Journal of the Transportation Research Board, No. 1927, 2005: 259-267.

[25] Kittelson & Associates, Inc. Development of a Transit Level of Service (TLOS) Indicator Final Report [R]. Florida: Florida Department of Transportation Public Transit Office, 1999.

[26] Wiley Karen L. Exploring and Modeling the Level of Service of Public Transit in Urban Areas: An Application to the Greater Toronto and Hamilton Area (GTHA), Canada [D]. Canada: McMaster University, 2009.

[27] Fu Liping, Xin Yaping. A New Performance Index for Evaluating Transit Quality of Service [J]. Journal of Public Transportation, 2007, 10(3): 47-69.

[28] 张喜成,汪江洪.粗糙集综合评价法在公交服务水平评价中的应用[J].统计与决策,2006:46-48.

[29] 徐以群,陈茜.城市公共交通服务水平的指标体系[J].城市交通,2006,4(6):42-46.

[30] 尹峰,李枫.公共交通服务水平的模糊评价[J].上海交通大学学报,2000,34:100-104.

[31] 匡星.城市常规公共交通服务水平评价研究[D].长春:吉林大学,2005.

[32] 曲小波.基于可靠性分析的城市公共交通满意度评价体系[D].北京:清华大学,2008.

[33] 王健,滕燕.公共交通优先与公共交通服务水平[J].重庆交通大学学报:社科版,2009,9(4):20-23.

[34] 高婷婷,尹丽丽,胡永举.基于顾客满意度的城市公共交通服务水平评价研究[J].天津工程师范学院学报,2009,19(4):34-36.

[35] 井国龙.基于多源数据的常规公交分层次服务水平评价模型[D].北京:北京交通大学,2010.

[36] 黄莎,蒙井玉,王晓艺.中小城市公共交通评价指标体系研究[J].交通信息与安全,

2011,29(1):32-36.

[37] 胡润洲. 城市公共交通专用道(路):提高大城市公交运输水平的重要途径[J]. 城市规划,1997,(3):34-35.

[38] Transportation Research Board National Research Council. TCRP Report 26: Operational Analysis of Bus Lanes on Arterials [R]. Washington, D. C.: National Academy Press, 1997.

[39] Levinson Herbert S, Jacques Kevin R St. Bus Lane Capacity Revisited [J]. Transportation Research Record: Journal of the Transportation Research Board, No. 1618, 1998: 189-199.

[40] Wu Jiangping, Hounsell. Bus Priority using Pre-Signal [J]. Transportation Research Part A, 1998, 32(8): 563-583.

[41] Koga, Noritaka. Public Transportation Priority System using Optical Bus Detectors [C]. In Proceedings of Intelligent Transportation System, IEEE/IEEJ/JSAI Intelligent Conference, 5-8 October, 1999, Tokyo, Japan: 135-138.

[42] Jepson D, Ferreira L. Assessing Travel Time Impacts of Measures to Enhance Bus Operations. Part I: Past Evidence and Study Methodology [J]. Road & Transport Research, 1999, 8(4): 41-54.

[43] Viegas J. Turn of the Century, Survival of the Compact City, Revival of Public Transport [J]. Transforming the Port and Transportation Business, 1997: 51-63.

[44] Viegas J, Lu B. The Intermittent Bus Lane Signals Setting Within an Area [J]. Transportation Research Part C: Emerging Technologies, 2004, 12(6): 454-469.

[45] Viegas J, Lu B. Widening the Scope for Bus Priority with Intermittent Bus Lane [J]. Transportation Planning and Technology, 2001, 24(2): 87-110.

[46] Eichler Michael, Daganzo Carlos F. Bus Lanes with Intermittent Priority: Strategy Formulae and an Evaluation [J]. Transportation Research Part B: Methodological, 2006, 40(9): 731-744.

[47] 杨晓光,阴炳成. 公共汽车交通专用道及其停靠站最佳布置方法[J]. 同济大学学报:自然科学版,2004,32(7):901-905.

[48] 王扬,赵葱丽,王丽娟. 城市公交专用道设置方式解析[J]. 石家庄铁道学院学报,2005,18(3):69-72.

[49] 曾奕林. 城市公交专用道系统设计方法研究[D]. 西安:长安大学,2005.

[50] 黄晓强. 公交专用道系统在国内的设计研究[D]. 南京:河海大学,2007.

[51] 王凌琳. 城市公交专用道设置方法及其适应性研究[J]. 中国市政工程,2010,(2):67-69.

[52] 黄艳君,陈学武,张卫华. 公交专用道设置前后路段交通流模型的比较[J]. 华中科技大学学报:城市科学版,2003,20(4):68-70.

[53] 胡兴华,刘咏. 设置公交专用道道路的交通脆弱性分析[J]. 交通运输工程与信息学报,2006,4(3):128-133.

[54] 刘伟. 公交专用道规划体系及设置条件研究[D]. 重庆:重庆交通学院,2004.

[55] 周智勇,陈峻,陈学武,等. 关于公交专用道规划的若干思考[J]. 现代城市研究,2004, (4):57-60.

[56] 吴娇蓉,郑宇. 设定服务水平的公交专用道通行能力研究[J]. 同济大学学报:自然科学版,2008,36(2):197-201.

[57] 莫一魁,柳伍生,晏克非. 大城市公交专用道网络优化技术研究[J]. 交通科技与经济, 2006,9(2):102-104.

[58] 钱人杰,邓卫,王炜. 收费政策在公交专用道上的应用研究[J]. 交通科技,2009,(5): 81-83.

[59] Smith H, Raemaekers J. Land-Use Pattern and Transport in Curitiba [J]. Land-use Policy, 1998, 15(3):233-251.

[60] 孙传姣. 快速公交调度优化研究[D]. 西安:长安大学,2008.

[61] Cain A, Darido G B, Baltes M R, et al. Applicability of TransMilenio Bus Rapid Transit System of Bogotá, Colombia, to the United States [J]. Transportation Research Record: Journal of the Transportation Research Board, No. 2034, 2007: 45-54.

[62] 金凡. 波哥大市快速公交系统建设经验对中国城市的启示[J]. 城市交通,2007,5(1): 56-63.

[63] Canadian Urban Transit Association (CUTA). Bus Rapid Transit: A Canadian Perspective [R]. Toronto: McCormick Rankin Corporation for CUTA, 2004.

[64] Cervero Robert, Kang Chang Deok. Bus Rapid Transit Impacts on Land Uses and Land Values in Seoul, Korea [J]. Transport Policy, 2011, 18:102-116.

[65] Perk Victoria, Mugharbel Melissa, Catalá Martin. Impacts of Bus Rapid Transit Stations on Surrounding Single-Family Home Values Study of East Busway in Pittsburgh, Pennsylvania [J]. Transportation Research Record: Journal of the Transportation Research Board, No. 2144, 2010:72-79.

[66] Mcdonnell Simon, Zellner Moira. Exploring the Effectiveness of Bus Rapid Transit Aprototype Agent-based Model of Commuting Behavior [J]. Transport Policy, 2011, 18:825-835.

[67] Mcdonnell Simon, Ferreira Susana, Convery Frank. Using Bus Rapid Transit to Mitigate Emissions of CO_2 from Transport [J]. Transport Reviews, 2008, 28(6): 735-756.

[68] Mishra R K, Parida M, Rangnekar S. Evaluation and Analysis of Traffic Noise along Bus Rapid Transit System Corridor [J]. Int. J. Environ. Sci. Tech., 2010, 7(4): 737-750.

[69] Zargari Shahriar A, Khan Ata M. Fuel Consumption Model for Bus Rapid Transit [J]. Journal of Advanced Transportation, 2002, 37(2):139-157.

[70] Wright L, Hook W. Bus Rapid Transit Planning Guide [R]. New York: Institute for Transportation & Development Policy, 2007.

[71] Hidalgo D, Graftieaux P. Bus Rapid Transit Systems in Latin America and Asia Re-

sults and Difficulties in 11 Cities [J]. Transportation Research Record: Journal of the Transportation Research Board, No. 2072, 2008: 77-88.

[72] 戴炳奎. 快速公交站点布局设计优化研究[D]. 成都:西南交通大学,2010.

[73] 吴祥国,姜洋,张汝华,等. 快速公交站点步行吸引范围研究[J]. 交通信息与安全, 2011,29(3):36-39.

[74] 莫一魁. 快速公交(BRT)线路布设优化算法研究[J]. 交通与运输,2007(1):102-104.

[75] 李春燕,李文权. 快速公交(BRT)线路布局优化研究[J]. 道路交通与安全,2008,8(5): 22-25.

[76] 吴永鑫. 快速公交系统规划方案研究[D]. 西安:长安大学,2010.

[77] 鲁洪强. 城市快速公交规划设计方法研究[D]. 济南:山东大学,2011.

[78] 朱晓冬. 广州快速公交系统(BRT)设计方案研究[D]. 广州:华南理工大学,2009.

[79] 胡非与. 快速公交专用道通行能力及线路优化布设研究[D]. 广州:华南理工大学,2010.

[80] 税文兵. 快速公交专用道通行能力研究——以昆明快速公交专用道为例[D]. 昆明:昆明理工大学,2007.

[81] 邱云. 公交专用道的服务质量研究[D]. 南京:东南大学,2011.

[82] 徐培修. 公车专用道服务水平评估方法研究[D]. 台北:台湾大学,2001.

[83] 陈丽敏. 公车专用道服务水平及服务流量研究[D]. 台北:台湾大学,1999.

[84] 余清星. 公交专用道停靠站停靠位通行能力分析[D]. 南京:东南大学,2011.

[85] 伍拾煤,裴玉龙. 城市公交专用道设计与规划问题探讨——以哈尔滨市的公交专用道规划为例[C]. 土木工程与高新技——中国土木工程学会第十届年会,2002.

[86] Transportation Research Board of the National Academies. TCRP Report 90: Bus Rapid Transit Volume 2: Implementation Guidelines [R]. Washington, D. C.: Transportation Research Board, 2003.

[87] Thomas E. Bus rapid transit [C]. Presentation at the Institute of Transportation Engineers Annual Meeting, August, 2001, Chicago, United States.

[88] Diaz Roderiek B, Chang Mark, Darido Georges, et al. Characteristic of Bus Rapid Transit for Decision-Making [R]. Virginia: Booz Allen Hamilton Inc, 2004.

[89] Uniman D L. Service Reliability Measurement Framework using Smart Card Data: Application to the London Underground [D]. Boston: Department of Civil and Environmental Engineering, Massachusetts Institute of Technology, 2009.

[90] Ehrlich J E. Applications of Automatic Vehicle Location Systems towards Improving Service Reliability and Operations Planning in London [D]. Boston: Department of Civil and Environmental Engineering, Massachusetts Institute of Technology, 2010.

[91] Frumin M S. Automatic Data for Applied Railway Management: Passenger Demand, Service Quality Measurement, and Tactical Planning on the London Overground Network [D]. Boston: Department of Civil and Environmental Engineering, Massachusetts Institute of Technology, 2010.

[92] 金宁. 公共交通乘客满意度测评理论及实证研究[D]. 长春:吉林大学,2009.

[93] 傅宁.影响城市公共交通顾客满意的因素研究[D].成都:西南交通大学,2007.

[94] Xu Zhi, Akpakli Vincent Kwami, Yang Xiaokuan. A Study on the Bus Delay Model at Bus Stop [C]. In Proceedings of 9th International Conference of Chinese Transportation Professionals (ICCTP) 'Critical Issues in Transportation Systems Planning, Development, and Management', 5-9 August, 2009, Harbin, China: 3062-3071.

[95] 石琴,刘魏娜,黄志鹏.基于元胞自动机模型的公交车在站延误研究[J].合肥工业大学学报:自然科学版,2011,34(1):10-13.

[96] Furth P G, SanClemente J L. Near Side, Far Side, Uphill, Downhill Impact of Bus Stop Location on Bus Delay [J]. Transportation Research Record: Journal of the Transportation Research Board, No. 1971, 2006: 66-73.

[97] Sundarapandian V. Probability, Statistics and Queueing Theory [M]. PHI Learning Pvt Ltd, 2009: 686.

[98] 王炜.道路交通工程系统分析方法[M].北京:人民交通出版社,2004:137,147-149,155-156.

[99] Medhi J. Stochastic Models in Queueing Theory 2nd Edition [M]. Elsevier Inc, 2003: 48.

[100] 庄楚强,何春雄.应用数理统计基础第三版[M].广州:华南理工大学出版社,2006:16-17.

[101] 同济大学数学教研室.高等数学第四版下册[M].北京:高等教育出版社,2006:254-257.

[102] 吴叶,徐大刚.公交停靠站停靠时间特征分析[J].交通与运输,2007,(2):78-80.

[103] 刘志谦.公交车在站停靠时间建模研究[J].城市公共交通,2008,(9):23-25.

[104] 刘建荣,邓卫,张兵.公交停靠站公交车损失时间研究[J].交通信息与安全,2011,29(4):44-47.

[105] 冯浚,解建华,徐康明.快速公交与常规公交停靠时间研究报告[R].北京:宇恒可持续交通研究中心,2006.

[106] 王田田,张汝华,张蕾,等.快速公交(BRT)站台停车延误及上下客时间分析[C].2008年首届中法可持续发展城市交通系统论坛暨第五届中国同舟交通论坛,2008.

[107] 中华人民共和国住房和城乡建设部.CJJ37-2012 城市道路工程设计规范[R].北京:中国建筑工业出版社,2012.

[108] Zheng Fangfang, Zuylen Henk Van. Uncertainty and Predictability of Urban Link Travel Time Delay Distribution-Based Analysis [J]. Transportation Research Record: Journal of the Transportation Research Board, No. 2192, 136-146.

[109] 张亚平,裴玉龙,周刚.珠江三角洲地区城际道路服务水平评估研究[J].公路交通科技,2003,20(3):108-112.

[110] 徐林,杨孝宽,艾树波,等.北京市城市道路服务水平分级研究[J].交通与运输,2008,(1):43-45.

[111] 李庆印,孙锋.环形交叉口评价指标选取及服务水平分级[J].公路交通科技,2011,28

(8):131-135.

[112] 王康,颜雪松,金建,等.一种改进的遗传 K-均值聚类算法[J].计算机与数字工程,2010,38(1):18-20.

[113] 欧陈委.K-均值聚类算法的研究与改进[D].长沙:长沙理工大学,2011.

[114] 梁烨炜.K-均值聚类算法的改进及其应用[D].长沙:湖南大学,2012.

[115] 王颖洁,白凤波,王金慧.关于模糊 C-均值(FCM)聚类算法的改进[J].大连大学学报,2010,(5):1-4.

[116] 安良,胡勇,胡良梅,等.一种改进的模糊 C-均值(FCM)聚类算法[J].合肥工业大学学报:自然科学版,2003,26(3):354-358.

[117] 宁绍芬.基于 FCM 聚类的算法改进[D].青岛:中国海洋大学,2007.

[118] 姜伦,丁华福.关于模糊 C-均值(FCM)聚类算法的改进[J].计算机与数字工程,2010,38(2):4-7.

[119] 王炜,过秀成,等.交通工程学[M].南京:东南大学出版社,2000:99.

[120] SAS Institute Inc. SAS/STAT 9.1 User's Guide [M]. Cary, NC: SAS Institute Inc, 2004:424-425, 4777-4779, 2290, 2374.

[121] 王济川,郭志刚.Logistic 回归模型——方法与应用[M].北京:高等教育出版社,2001:237-239.

[122] Hosmer David W, Lemeshow Stanley. Applied Logistic Regression 2nd Edition [M]. John Wiley & Sons Inc, 2000:1-11, 143-167.

[123] 施朝健,张明铭.Logistic 回归模型分析[J].计算机辅助工程,2005,14(3):74-78.

[124] 姚宏刚,曾勇,方洪全.累积 Logistic 回归模型在住房抵押贷款风险等级评估中的应用[C].中国企业运筹学,2006,7:46-50.

[125] 刘梦涵,于雷,张雪莲,等.基于累积 Logistic 回归道路交通拥堵强度评价模型[J].北京交通大学学报,2008,32(6):52-56.

[126] 金水高.Logistic 回归方法的正确应用及结果的正确解释[J].中华预防医学杂志,2003,37(3):204-206.

[127] 马壮林.高速公路交通事故时空分析模型及其预防方法[D].北京:北京交通大学,2010.

[128] 李锋锋.基于 Logistic 回归模型的旋转机械健康状态评估研究[D].北京:北京化工大学,2009.

[129] 郭蕾.2 型糖尿病的判别分析和 Logistic 回归分析[D].长沙:中南大学,2007.

[130] 邹宗峰,林汉生.如何使用 SPSS 对 Logistic 回归中分类变量进行处理[J].数理医学类杂志,2003,16(2):110-112.

[131] Transportation Research Board National Research Council. TCRP Report 47: A Handbook for Measuring Customer Satisfaction and Service Quality [R]. Washington, D.C.: National Academy Press, 1999.

[132] Maria Morfoulaki, Panagiotis Papaioannou. Measuring Customer Satisfaction Index: the Survey of Thessaloniki, Greece [C]. In Proceedings of Transportation Research Board 85th Annual Meeting, 22-26 January, 2006, Washington, D.C., U-

nited States: 404-456.

[133] Iseki Hiroyuki, Taylor Brian D. Style versus service? An Analysis of User Perceptions of Transit Stops and Stations [J]. Journal of public transportation, 2010, 13(3): 39-63.

[134] Osuna E E, Newell G F. Control Strategies for an Idealized Public Transportation System [J]. Transportation Science, 1972, 6(1): 57-72.

[135] Furth P G, Muller Theo H J. Service Reliability and Hidden Waiting Time Insights from Automatic Vehicle Location Data [J]. Transportation Research Record: Journal of the Transportation Research Board, No. 1955, 2006: 79-87.

[136] 吴洋,罗霞. 公交车辆站停时间与乘客行为的关系[J]. 西南交通大学学报,2007,42(2):243-248.

附录 A　上游停靠站延误估算模型参数估计代码

```
Function [p0, ewq, bd, pb, pc, pbcbd, bestcs, minerror]=csgjtwo(dd, fw, tr, C, Dgc)
For i=1:1:length(dd)
qd=dd(i)/fw(i);
qds=qd/2;
p0(i)=(1+qd+qd^2/(2*(1-qds)))^(-1);
dqp0=p0(i);
qds2=(1-qds)^2;
ewq(i)=3600*dqp0*qd^2*qds/(dd(i)*2*qds2);
qds3=(1-qds)^3;
bd1=dqp0*qd^2*qds*(1+qds)/(2*qds3);
bd2=dqp0*qd^2*qds/(2*qds2);
bd(i)=3600*sqrt(bd1-bd2^2)/dd(i);
dqbd=bd(i);
pndy2=1-(1+qd+0.5*qd^2)*dqp0;
pb1(i)=pndy2*0.5;
dqpb1=pb1(i);
pb2(i)=pndy2*(tr(i)/C(i));
dqpb2=pb2(i);
pb(i)=dqpb1+dqpb2;
dqpb=pb(i);
pc1(i)=(1-dqp0-qd*dqp0)*0.5;
dqpc1=pc1(i);
pc2(i)=(1-dqp0)*(tr(i)/C(i));
dqpc2=pc2(i);
pc(i)=dqpc1+dqpc2;
dqpc=pc(i);
pbc(i)=dqpb+dqpc;
dqpbc=pbc(i);
pbcbd(i)=dqbd*dqpbc;
End
minerror=0;
```

```
flag=0;
cs=0:0.001:1;
For x=1:length(cs)
    y=Dgc-ewq-cs(x)*pbcbd;
        error=norm(y,2);
    If error<minerror ‖ flag==0
        minerror=error;
        flag=1;
        bestcs=cs(x);
    End
End
End
```

附录 B 路中停靠站延误估算模型的模型验证代码

```
Function [ewq,wc,avewc]=mxyzone(dd,fw,Dgc)
For i=1:1:length(dd)
qd=dd(i)/fw(i);
ewq(i)=3600*(qd/fw(i))*(1-qd)^(-1);
dqewq=ewq(i);
wc(i)=(Dgc(i)-dqewq)/Dgc(i)*100;
End
   sum=0;
For j=1:1:length(wc)
    sum=sum+abs(wc(j));
End
   avewc=sum/length(wc);
End
```

附录 C 上游停靠站延误估算模型的模型验证代码

```
Function [p0,ewq,pbcbd,Dgj,wc,avewc]=mxyztwo(dd,fw,tr,C,Dgc)
For i=1:1:length(dd)
qd=dd(i)/fw(i);
qds=qd/2;
p0(i)=(1+qd+qd^2/(2*(1-qds)))^(-1);
dqp0=p0(i);
qds2=(1-qds)^2;
ewq(i)=3600*dqp0*qd^2*qds/(dd(i)*2*qds2);
dqewq=ewq(i);
qds3=(1-qds)^3;
bd1=dqp0*qd^2*qds*(1+qds)/(2*qds3);
bd2=dqp0*qd^2*qds/(2*qds2);
bd(i)=3600*sqrt(bd1-bd2^2)/dd(i);
dqbd=bd(i);
pndy2=1-(1+qd+0.5*qd^2)*dqp0;
pb1(i)=pndy2*0.5;
dqpb1=pb1(i);
pb2(i)=pndy2*(tr(i)/C(i));
dqpb2=pb2(i);
pb(i)=dqpb1+dqpb2;
dqpb=pb(i);
pc1(i)=(1-dqp0-qd*dqp0)*0.5;
dqpc1=pc1(i);
pc2(i)=(1-dqp0)*(tr(i)/C(i));
dqpc2=pc2(i);
pc(i)=dqpc1+dqpc2;
dqpc=pc(i);
pbc(i)=dqpb+dqpc;
dqpbc=pbc(i);
pbcbd(i)=dqbd*dqpbc;
dqpbcbd=pbcbd(i);
```

附录C 上游停靠站延误估算模型的模型验证代码

Dgj(i)=dqewq+0.4670 * dqpbcbd;
dqDgj=Dgj(i);
wc(i)=(Dgc(i)−dqDgj)/Dgc(i) * 100;
End
sum=0;
For j=1:1:length(wc)
    sum=sum+abs(wc(j));
End
avewc=sum/length(wc); End

附录 D 普通公交专用道计算一组给定解释变量延误代码

```
Function [Dgj]=jsywptd(dd,fw,s,tr,C)
qd=dd/fw;
qds=qd/s;
jc=1;
p01=1;
For n=1:1:s-1
    jc=jc*n;
    mi=qd^n;
    mijc=mi/jc;
    p01=p01+mijc;
End
sjc=1;
For m=1:1:s;
    sjc=sjc*m;
End
p02=qd^s/(sjc*(1-qds));
p0=(p01+p02)^(-1);
qds2=(1-qds)^2;
ewq=3600*p0*qd^s*qds/(dd*sjc*qds2);
qds3=(1-qds)^3;
bd1=p0*qd^s*qds*(1+qds)/(sjc*qds3);
bd2=p0*qd^s*qds/(sjc*qds2);
bd=3600*sqrt(bd1-bd2^2)/dd;
jc2=1;
sum=1;
For k=1:1:s
    jc2=jc2*k;
    mi2=qd^k;
    mijc2=mi2/jc2;
    sum=sum+mijc2;
End
```

附录 D 普通公交专用道计算一组给定解释变量延误代码

pndys=1-sum*p0;
pb=pndys*(tr/C);
pc=(1-p0)*(tr/C);
pbc=pb+pc;
pbcbd=bd*pbc;
Dgj=ewq+0.4*pbcbd;
End

附录E 普通公交专用道解释变量组合代码

```
Function [D]=dldelaysptd
dd=20:5:80;
fw=60:10:120;
s=2:1:4;
tr=60:10:130;
C=90:10:150;
n=1;
For i=1:length(dd)
    For j=1:length(fw)
        For k=1:length(s)
            For m=1:length(tr)
                For v=1:length(C)
                    D(n)=jsywptd(dd(i),fw(j),s(k),tr(m),C(v));
                    n=n+1;
                End
            End
        End
    End
End
End
```

附录F 快速公交专用道计算一组给定解释变量延误代码

```
Function [Dgj]=jsyw(dd,fw,s,tr,C)
qd=dd/fw;
qds=qd/s;
jc=1;
p01=1;
For n=1:1:s-1
    jc=jc*n;
    mi=qd^n;
    mijc=mi/jc;
    p01=p01+mijc;
End
sjc=1;
For m=1:1:s;
    sjc=sjc*m;
End
p02=qd^s/(sjc*(1-qds));
p0=(p01+p02)^(-1);
qds2=(1-qds)^2;
ewq=3600*p0*qd^s*qds/(dd*sjc*qds2);
qds3=(1-qds)^3;
bd1=p0*qd^s*qds*(1+qds)/(sjc*qds3);
bd2=p0*qd^s*qds/(sjc*qds2);
bd=3600*sqrt(bd1-bd2^2)/dd;
jc2=1;
sum=1;
For k=1:1:s
    jc2=jc2*k;
    mi2=qd^k;
    mijc2=mi2/jc2;
    sum=sum+mijc2;
End
```

```
pndys=1-sum*p0;
pb1=pndys*(1-1/sjc);
pb2=pndys*(tr/C);
pb=pb1+pb2;
jc3=1;
pc11=0;
For v=2:1:s
    jc3=jc3*v;
    mi3=qd^v;
    pc11=pc11+(mi3/jc3)*(1-1/jc3)*p0;
End
pc12=pndys*(1-1/sjc);
pc1=pc11+pc12;
pc2=(1-p0)*(tr/C);
pc=pc1+pc2;
pbc=pb+pc;
pbcbd=bd*pbc;
Dgj=ewq+0.4670*pbcbd;
End
```

附录 G 快速公交专用道解释变量组合代码

```
Function [D]=dldelaysvtwo
dd=20:5:80;
fw=90:10:120;
s=2:1:4;
tr=60:5:130;
C=90:10:150;
n=1;
For i=1:length(dd)
    For j=1:length(fw)
        For k=1:length(s)
            For m=1:length(tr)
                For v=1:length(C)
                    D(n)=jsyw(dd(i),fw(j),s(k),tr(m),C(v));
                    n=n+1;
                End
            End
        End
    End
End
End
```

附录 H 模糊 C 均值聚类代码

```
Function [center, U, obj_fcn]=FCMClust(data, cluster_n, options)
    data_n=size(data, 1);
    in_n=size(data, 2);
    expo=options(1);
    max_iter=options(2);
    min_impro=options(3);
    display=options(4);
    obj_fcn=zeros(max_iter, 1);
    U=initfcm(cluster_n, data_n);
    For i=1:max_iter,
    [U, center, obj_fcn(i)]=stepfcm(data, U, cluster_n, expo);
    If display,
    fprintf('FCM:Iteration count=%d, obj. fcn=%f\n', i, obj_fcn(i));
    End
    If i>1,
    If abs(obj_fcn(i) － obj_fcn(i-1))<min_impro,
    break;
    End,
    End
    End
    iter_n=i;
    obj_fcn(iter_n+1:max_iter)=[];
    Function U=initfcm(cluster_n, data_n)
    U=rand(cluster_n, data_n);
    col_sum=sum(U);
    U=U./col_sum(ones(cluster_n, 1), :);
    Function [U_new, center, obj_fcn]=stepfcm(data, U, cluster_n, expo)
    mf=U.^expo;
    center=mf*data./((ones(size(data, 2), 1)*sum(mf'))');
    dist=distfcm(center, data);
    obj_fcn=sum(sum((dist.^2).*mf));
    tmp=dist.^(-2/(expo-1));
```

```
U_new=tmp./(ones(cluster_n, 1)*sum(tmp));
Function out=distfcm(center, data)
out=zeros(size(center, 1), size(data, 1));
For k=1:size(center, 1),
out(k,:)=sqrt(sum(((data-ones(size(data,1),1)*center(k,:)).^2)',1));
End
```

附录 I 公交专用道乘客满意度问卷调查的调查问卷

调查线路：___B1___　　公交车型号_____
开展本次调查时车内的具体乘客数：_____

第一部分：出行信息

1. 上车站点（在对应站点处打勾）

武进公交中心站—武进汽车客运站—信息学院—机电学院—轻工学院—兰陵路滆湖路—淹城公交中心站—兰陵路长虹路—兰陵路广电路—兰陵路人民路—兰陵路聚湖路—兰陵路中吴大道—兰陵路光华路—兰陵路劳动路—劳动路广化街—怀德桥—怀德路延陵路—西新桥—万福路—通江路飞龙路—通江路龙城大道—通江路太湖路—通江路河海路—通江路汉江路—通江路黄河路—常澄路龙栖路—辽河路常澄路—辽河路通江路—辽河路衡山路—辽河路华山路—常州北站

2. 下车站点（在对应站点处打勾）

武进公交中心站—武进汽车客运站—信息学院—机电学院—轻工学院—兰陵路滆湖路—淹城公交中心站—兰陵路长虹路—兰陵路广电路—兰陵路人民路—兰陵路聚湖路—兰陵路中吴大道—兰陵路光华路—兰陵路劳动路—劳动路广化街—怀德桥—怀德路延陵路—西新桥—万福路—通江路飞龙路—通江路龙城大道—通江路太湖路—通江路河海路—通江路汉江路—通江路黄河路—常澄路龙栖路—辽河路常澄路—辽河路通江路—辽河路衡山路—辽河路华山路—常州北站

3. 您是<u>步行</u>　<u>换乘</u>（在对应处打勾）到达公交停靠站。根据日常出行经验，一般情况下，完成当前出行从出发点到公交停靠站平均要用_____分钟。

4. 根据日常出行经验，您计划完成当前出行，最多要在公交停靠站等_____分钟；一般情况下，平均要等_____分钟。

5. 根据日常出行经验，一般情况下，完成当前出行平均要在车内乘坐_____分钟，可到达下车站点。

6. 根据日常出行经验，您对当前出行的满意程度为<u>非常满意　满意　不满意　非常不满意</u>。（请综合考虑到站时间，等车时间，出行时间，站台设施（有没有座椅、遮挡物和车辆实时到站信息），车内拥挤程度等评价满意程度，在您认为的等级处打勾）

第二部分：个人信息（请在对应处打勾）

1. 性别：<u>男</u>　<u>女</u>

2. 年龄:6~19岁 20~29岁 30~39岁 40~49岁 50~59岁 >60岁
3. 学历:初中及以下 高中 大专 大学本科 硕士及以上
4. 职业:公务员和教师 公司职员 学生 个体 家务 其他
5. 当前出行目的:上班 公务 购物娱乐 访友 上学 返程
6. 是否有私家车:有 无
7. 进行当前出行的频率:每个工作日 每周一次 半个月一次

附录 J 模型 4 预测的乘客满意度与调查的乘客满意度对比

样本编号	乘客满意度的概率				预测的乘客满意度	调查的乘客满意度	样本编号	乘客满意度的概率				预测的乘客满意度	调查的乘客满意度
	非常满意1	满意2	不满意3	非常不满意4				非常满意1	满意2	不满意3	非常不满意4		
1	0.999 4	0.000 6	0.000 0	0.000 0	1	1	24	0.862 4	0.137 5	0.000 0	0.000 0	1	1
2	0.997 2	0.002 8	0.000 0	0.000 0	1	1	25	0.871 0	0.129 0	0.000 0	0.000 0	1	1
3	0.979 3	0.020 7	0.000 0	0.000 0	1	1	26	0.780 8	0.219 2	0.000 0	0.000 0	1	1
4	0.993 6	0.006 4	0.000 0	0.000 0	1	1	27	0.558 4	0.441 6	0.000 0	0.000 0	1	1
5	0.884 2	0.115 8	0.000 0	0.000 0	1	1	28	0.640 1	0.359 9	0.000 0	0.000 0	1	1
6	0.983 5	0.016 5	0.000 0	0.000 0	1	1	29	0.357 8	0.642 1	0.000 1	0.000 0	2	1
7	0.873 9	0.126 1	0.000 0	0.000 0	1	1	30	0.699 8	0.300 2	0.000 0	0.000 0	1	1
8	0.977 4	0.022 6	0.000 0	0.000 0	1	1	31	0.483 6	0.516 4	0.000 1	0.000 0	2	1
9	0.992 9	0.007 1	0.000 0	0.000 0	1	1	32	0.645 6	0.354 4	0.000 0	0.000 0	1	1
10	0.983 8	0.016 2	0.000 0	0.000 0	1	1	33	0.295 2	0.704 7	0.000 1	0.000 0	2	1
11	0.912 0	0.088 0	0.000 0	0.000 0	1	1	34	0.157 3	0.842 4	0.000 3	0.000 0	2	1
12	0.966 1	0.033 9	0.000 0	0.000 0	1	1	35	0.105 7	0.893 9	0.000 4	0.000 0	2	1
13	0.815 2	0.184 8	0.000 0	0.000 0	1	1	36	0.005 1	0.985 7	0.009 2	0.000 0	2	1
14	0.905 0	0.094 9	0.000 0	0.000 0	1	1	37	0.844 9	0.155 1	0.000 0	0.000 0	1	2
15	0.907 9	0.092 1	0.000 0	0.000 0	1	1	38	0.517 8	0.482 2	0.000 0	0.000 0	1	2
16	0.642 7	0.357 3	0.000 0	0.000 0	1	1	39	0.264 9	0.735 0	0.000 1	0.000 0	2	2
17	0.909 1	0.090 9	0.000 0	0.000 0	1	1	40	0.576 7	0.423 2	0.000 0	0.000 0	1	2
18	0.968 7	0.031 3	0.000 0	0.000 0	1	1	41	0.313 5	0.686 4	0.000 1	0.000 0	2	2
19	0.985 2	0.014 8	0.000 0	0.000 0	1	1	42	0.328 6	0.671 3	0.000 1	0.000 0	2	2
20	0.869 8	0.130 2	0.000 0	0.000 0	1	1	43	0.395 7	0.604 2	0.000 0	0.000 0	2	2
21	0.898 9	0.101 1	0.000 0	0.000 0	1	1	44	0.695 1	0.304 9	0.000 0	0.000 0	1	2
22	0.893 8	0.106 2	0.000 0	0.000 0	1	1	45	0.146 2	0.853 5	0.000 3	0.000 0	2	2
23	0.818 5	0.181 5	0.000 0	0.000 0	1	1	46	0.230 9	0.768 9	0.000 2	0.000 0	2	2

附录 J 模型 4 预测的乘客满意度与调查的乘客满意度对比

续表

样本编号	乘客满意度的概率				预测的乘客满意度	调查的乘客满意度	样本编号	乘客满意度的概率				预测的乘客满意度	调查的乘客满意度
	非常满意 1	满意 2	不满意 3	非常不满意 4				非常满意 1	满意 2	不满意 3	非常不满意 4		
47	0.183 9	0.815 9	0.000 2	0.000 0	2	2	76	0.021 1	0.976 7	0.002 2	0.000 0	2	2
48	0.441 0	0.558 9	0.000 1	0.000 0	2	2	77	0.016 9	0.980 3	0.002 7	0.000 0	2	2
49	0.084 8	0.914 7	0.000 5	0.000 0	2	2	78	0.093 2	0.906 3	0.000 5	0.000 0	2	2
50	0.280 6	0.719 2	0.000 1	0.000 0	2	2	79	0.027 6	0.970 7	0.001 7	0.000 0	2	2
51	0.150 6	0.849 1	0.000 3	0.000 0	2	2	80	0.030 8	0.967 8	0.001 5	0.000 0	2	2
52	0.080 0	0.919 4	0.000 5	0.000 0	2	2	81	0.009 0	0.985 8	0.005 2	0.000 0	2	2
53	0.099 3	0.900 3	0.000 4	0.000 0	2	2	82	0.016 4	0.980 8	0.002 8	0.000 0	2	2
54	0.397 4	0.602 6	0.000 1	0.000 0	2	2	83	0.001 6	0.969 6	0.028 8	0.000 0	2	2
55	0.385 1	0.614 9	0.000 1	0.000 0	2	2	84	0.023 6	0.974 4	0.002 0	0.000 0	2	2
56	0.136 7	0.863 0	0.000 3	0.000 0	2	2	85	0.064 7	0.934 6	0.000 7	0.000 0	2	2
57	0.092 3	0.907 2	0.000 5	0.000 0	2	2	86	0.004 6	0.985 2	0.010 2	0.000 0	2	2
58	0.122 4	0.877 2	0.000 3	0.000 0	2	2	87	0.024 5	0.973 6	0.001 9	0.000 0	2	2
59	0.167 1	0.832 6	0.000 2	0.000 0	2	2	88	0.009 2	0.985 7	0.005 1	0.000 0	2	2
60	0.147 2	0.852 5	0.000 3	0.000 0	2	2	89	0.005 5	0.986 0	0.008 6	0.000 0	2	2
61	0.131 9	0.867 8	0.000 3	0.000 0	2	2	90	0.006 7	0.986 3	0.007 0	0.000 0	2	2
62	0.030 8	0.967 7	0.001 5	0.000 0	2	2	91	0.004 8	0.985 5	0.009 7	0.000 0	2	2
63	0.066 3	0.933 0	0.000 7	0.000 0	2	2	92	0.006 0	0.986 2	0.007 8	0.000 0	2	2
64	0.045 3	0.953 7	0.001 0	0.000 0	2	2	93	0.005 3	0.985 9	0.008 8	0.000 0	2	2
65	0.056 2	0.943 0	0.000 8	0.000 0	2	2	94	0.001 7	0.971 8	0.026 4	0.000 0	2	2
66	0.031 1	0.967 4	0.001 5	0.000 0	2	2	95	0.002 1	0.975 5	0.022 4	0.000 0	2	2
67	0.040 1	0.958 7	0.001 1	0.000 0	2	2	96	0.002 4	0.977 9	0.019 7	0.000 0	2	2
68	0.158 8	0.841 0	0.000 3	0.000 0	2	2	97	0.000 5	0.912 4	0.087 0	0.000 1	2	2
69	0.063 3	0.936 0	0.000 7	0.000 0	2	2	98	0.007 3	0.986 3	0.006 4	0.000 0	2	2
70	0.019 6	0.978 0	0.002 4	0.000 0	2	2	99	0.000 3	0.844 7	0.155 0	0.000 1	2	2
71	0.051 8	0.947 3	0.000 9	0.000 0	2	2	100	0.003 0	0.981 4	0.015 6	0.000 0	2	2
72	0.070 3	0.929 1	0.000 6	0.000 0	2	2	101	0.000 5	0.913 1	0.086 4	0.000 1	2	2
73	0.004 6	0.985 2	0.010 1	0.000 0	2	2	102	0.001 1	0.956 1	0.042 8	0.000 0	2	2
74	0.057 1	0.942 1	0.000 8	0.000 0	2	2	103	0.002 4	0.978 4	0.019 2	0.000 0	2	2
75	0.038 3	0.960 5	0.001 2	0.000 0	2	2	104	0.000 5	0.905 1	0.094 3	0.000 1	2	2

续表

样本编号	乘客满意度的概率				预测的乘客满意度	调查的乘客满意度	样本编号	乘客满意度的概率				预测的乘客满意度	调查的乘客满意度
	非常满意1	满意2	不满意3	非常不满意4				非常满意1	满意2	不满意3	非常不满意4		
105	0.006 6	0.986 3	0.007 1	0.000 0	2	2	134	0.000 0	0.500 1	0.499 2	0.000 6	2	2
106	0.012 6	0.983 7	0.003 7	0.000 0	2	2	135	0.000 1	0.545 3	0.454 1	0.000 5	2	2
107	0.001 8	0.972 7	0.025 5	0.000 0	2	2	136	0.000 0	0.499 9	0.499 5	0.000 6	2	2
108	0.000 5	0.914 8	0.084 6	0.000 1	2	2	137	0.000 0	0.363 9	0.635 0	0.001 1	3	2
109	0.000 5	0.908 2	0.091 3	0.000 1	2	2	138	0.000 0	0.367 9	0.631 0	0.001 1	3	2
110	0.000 3	0.866 2	0.133 4	0.000 1	2	2	139	0.000 0	0.365 6	0.633 3	0.001 1	3	2
111	0.000 1	0.744 6	0.255 1	0.000 2	2	2	140	0.000 0	0.368 6	0.630 3	0.001 1	3	2
112	0.002 1	0.976 1	0.021 8	0.000 0	2	2	141	0.000 0	0.079 1	0.913 7	0.007 2	3	2
113	0.000 5	0.912 4	0.087 0	0.000 1	2	2	142	0.000 0	0.024 3	0.951 3	0.024 3	3	2
114	0.001 0	0.955 4	0.043 5	0.000 0	2	2	143	0.001 2	0.960 3	0.038 5	0.000 0	2	3
115	0.000 6	0.920 5	0.078 9	0.000 1	2	2	144	0.000 1	0.690 4	0.309 2	0.000 3	2	3
116	0.000 3	0.847 8	0.151 8	0.000 1	2	2	145	0.000 1	0.565 8	0.433 7	0.000 5	2	3
117	0.000 7	0.933 9	0.065 4	0.000 0	2	2	146	0.000 1	0.639 6	0.360 0	0.000 4	2	3
118	0.000 4	0.893 0	0.106 6	0.000 1	2	2	147	0.000 1	0.645 5	0.354 1	0.000 3	2	3
119	0.000 5	0.908 2	0.091 2	0.000 1	2	2	148	0.000 1	0.643 0	0.356 6	0.000 3	2	3
120	0.001 1	0.957 3	0.041 6	0.000 0	2	2	149	0.000 0	0.257 2	0.741 0	0.001 8	3	3
121	0.000 2	0.796 5	0.203 2	0.000 2	2	2	150	0.000 0	0.160 1	0.836 7	0.003 3	3	3
122	0.000 3	0.869 7	0.129 9	0.000 1	2	2	151	0.000 1	0.741 8	0.257 8	0.000 2	2	3
123	0.000 4	0.896 3	0.103 0	0.000 1	2	2	152	0.000 0	0.389 4	0.609 6	0.001 0	3	3
124	0.000 1	0.696 8	0.302 9	0.000 3	2	2	153	0.000 0	0.479 5	0.519 8	0.000 7	3	3
125	0.000 3	0.859 1	0.140 5	0.000 1	2	2	154	0.000 0	0.377 0	0.621 9	0.001 0	3	3
126	0.000 1	0.552 2	0.447 2	0.000 5	2	2	155	0.000 0	0.407 0	0.592 0	0.000 9	3	3
127	0.000 4	0.882 0	0.117 5	0.000 1	2	2	156	0.000 0	0.111 6	0.883 5	0.004 9	3	3
128	0.000 2	0.789 2	0.210 4	0.000 2	2	2	157	0.000 0	0.234 4	0.763 6	0.002 0	3	3
129	0.000 3	0.847 5	0.152 1	0.000 1	2	2	158	0.000 0	0.162 2	0.834 6	0.003 2	3	3
130	0.000 3	0.863 8	0.135 8	0.000 1	2	2	159	0.000 0	0.279 9	0.718 5	0.001 6	3	3
131	0.000 4	0.884 1	0.115 5	0.000 1	2	2	160	0.000 0	0.303 4	0.695 1	0.001 4	3	3
132	0.000 0	0.495 9	0.503 5	0.000 6	3	2	161	0.000 0	0.404 7	0.594 4	0.000 9	3	3
133	0.000 1	0.604 5	0.395 1	0.000 4	2	2	162	0.000 0	0.283 4	0.715 0	0.001 6	3	3

续表

样本编号	乘客满意度的概率				预测的乘客满意度	调查的乘客满意度	样本编号	乘客满意度的概率				预测的乘客满意度	调查的乘客满意度
	非常满意1	满意2	不满意3	非常不满意4				非常满意1	满意2	不满意3	非常不满意4		
163	0.000 0	0.141 2	0.855 0	0.003 8	3	3	192	0.000 0	0.000 4	0.382 6	0.617 0	4	3
164	0.000 0	0.106 9	0.887 9	0.005 2	3	3	193	0.000 0	0.002 7	0.812 9	0.184 3	3	3
165	0.000 0	0.168 8	0.828 2	0.003 1	3	3	194	0.000 0	0.009 2	0.928 3	0.062 5	3	3
166	0.000 0	0.330 4	0.668 3	0.001 3	3	3	195	0.000 0	0.007 1	0.913 1	0.079 8	3	3
167	0.000 0	0.208 8	0.788 9	0.002 4	3	3	196	0.000 0	0.004 0	0.862 7	0.133 2	3	3
168	0.000 0	0.042 2	0.943 9	0.013 9	3	3	197	0.000 0	0.003 2	0.835 1	0.161 7	3	3
169	0.000 0	0.055 7	0.933 8	0.010 4	3	3	198	0.000 0	0.002 7	0.810 5	0.186 8	3	3
170	0.000 0	0.064 2	0.926 8	0.009 0	3	3	199	0.000 0	0.002 6	0.803 7	0.193 7	3	3
171	0.000 0	0.084 0	0.909 2	0.006 7	3	3	200	0.000 0	0.001 5	0.703 6	0.294 9	3	3
172	0.000 0	0.181 7	0.815 5	0.002 8	3	3	201	0.000 0	0.000 7	0.545 2	0.454 0	3	3
173	0.000 0	0.099 7	0.894 7	0.005 6	3	3	202	0.000 0	0.000 9	0.601 2	0.397 9	3	3
174	0.000 0	0.050 2	0.938 1	0.011 6	3	3	203	0.000 0	0.000 6	0.510 5	0.488 9	3	3
175	0.000 0	0.112 9	0.882 2	0.004 9	3	3	204	0.000 0	0.001 3	0.676 2	0.322 5	3	3
176	0.000 0	0.008 5	0.924 2	0.067 3	3	3	205	0.000 0	0.000 2	0.227 7	0.772 1	4	3
177	0.000 0	0.047 6	0.940 1	0.012 3	3	3	206	0.000 0	0.000 1	0.170 4	0.829 4	4	3
178	0.000 0	0.007 6	0.917 4	0.075 0	3	3	207	0.000 0	0.000 1	0.150 5	0.849 4	4	3
179	0.000 0	0.032 7	0.949 2	0.018 1	3	3	208	0.000 0	0.000 0	0.067 1	0.932 8	4	3
180	0.000 0	0.006 7	0.908 9	0.084 4	3	3	209	0.000 0	0.013 7	0.943 5	0.042 8	3	4
181	0.000 0	0.073 4	0.918 8	0.007 8	3	3	210	0.000 0	0.002 8	0.816 5	0.180 7	3	4
182	0.000 0	0.038 9	0.945 9	0.015 1	3	3	211	0.000 0	0.000 5	0.466 5	0.532 9	4	4
183	0.000 0	0.006 8	0.910 3	0.082 8	3	3	212	0.000 0	0.002 3	0.786 4	0.211 3	3	4
184	0.000 0	0.007 5	0.916 4	0.076 1	3	3	213	0.000 0	0.000 4	0.415 4	0.584 2	4	4
185	0.000 0	0.014 2	0.944 4	0.041 5	3	3	214	0.000 0	0.000 4	0.361 1	0.638 5	4	4
186	0.000 0	0.017 1	0.948 4	0.034 4	3	3	215	0.000 0	0.002 2	0.781 0	0.216 7	3	4
187	0.000 0	0.014 7	0.945 4	0.039 9	3	3	216	0.000 0	0.000 6	0.503 4	0.496 0	3	4
188	0.000 0	0.097 8	0.896 5	0.005 7	3	3	217	0.000 0	0.000 3	0.346 3	0.653 4	4	4
189	0.000 0	0.005 4	0.892 6	0.102 0	3	3	218	0.000 0	0.000 0	0.073 7	0.926 3	4	4
190	0.000 0	0.002 6	0.807 4	0.189 9	3	3	219	0.000 0	0.000 2	0.284 7	0.715 1	4	4
191	0.000 0	0.005 0	0.885 3	0.109 7	3	3	220	0.000 0	0.000 3	0.356 4	0.643 3	4	4

续表

样本编号	乘客满意度的概率				预测的乘客满意度	调查的乘客满意度	样本编号	乘客满意度的概率				预测的乘客满意度	调查的乘客满意度
	非常满意 1	满意 2	不满意 3	非常不满意 4				非常满意 1	满意 2	不满意 3	非常不满意 4		
221	0.000 0	0.000 3	0.311 7	0.688 0	4	4	236	0.000 0	0.000 0	0.018 3	0.981 6	4	4
222	0.000 0	0.000 6	0.510 0	0.489 3	3	4	237	0.000 0	0.000 0	0.031 5	0.968 5	4	4
223	0.000 0	0.000 0	0.057 5	0.942 4	4	4	238	0.000 0	0.000 0	0.010 0	0.990 0	4	4
224	0.000 0	0.000 1	0.110 9	0.889 0	4	4	239	0.000 0	0.000 0	0.002 3	0.997 7	4	4
225	0.000 0	0.000 0	0.058 9	0.941 0	4	4	240	0.000 0	0.000 0	0.009 2	0.990 8	4	4
226	0.000 0	0.000 1	0.181 9	0.817 9	4	4	241	0.000 0	0.000 0	0.006 0	0.994 0	4	4
227	0.000 0	0.000 2	0.242 0	0.757 8	4	4	242	0.000 0	0.000 0	0.000 5	0.999 5	4	4
228	0.000 0	0.000 0	0.046 1	0.953 9	4	4	243	0.000 0	0.000 0	0.001 6	0.998 4	4	4
229	0.000 0	0.000 2	0.212 3	0.787 5	4	4	244	0.000 0	0.000 0	0.000 2	0.999 8	4	4
230	0.000 0	0.000 0	0.012 0	0.988 0	4	4	245	0.000 0	0.000 0	0.000 4	0.999 6	4	4
231	0.000 0	0.000 0	0.023 6	0.976 4	4	4	246	0.000 0	0.000 0	0.000 0	1.000 0	4	4
232	0.000 0	0.000 0	0.010 8	0.989 2	4	4	247	0.000 0	0.000 0	0.000 0	1.000 0	4	4
233	0.000 0	0.000 0	0.010 6	0.989 4	4	4	248	0.000 0	0.000 0	0.000 0	1.000 0	4	4
234	0.000 0	0.000 0	0.008 6	0.991 4	4	4	249	0.000 0	0.000 0	0.031 3	0.968 7	4	4
235	0.000 0	0.000 0	0.002 0	0.998 0	4	4	250	0.000 0	0.000 0	0.000 0	1.000 0	4	4
251	0.000 0	0.000 0	0.000 0	1.000 0	4	4	模型预测与调查相同的样本数			216	模型4的预测准确性			86.06%